Gemeinsam feiern, singen und spielen

*Eine praktische Anleitung
zur Vorbereitung und Gestaltung
Mit Tips, Erfahrungsberichten
und Modellen*

Johannes Blohm (Hg.)

Kinderbibeltag · Kinderkirchentag

Gemeinsam feiern, singen und spielen

*Eine praktische Anleitung
zur Vorbereitung und Gestaltung
Mit Tips, Erfahrungsberichten
und Modellen*

Claudius Verlag
Don Bosco Verlag

Die Deutsche Bibliothek – CIP Einheitsaufnahme

Gemeinsam feiern, singen und spielen : Kinderbibeltag – Kinderkirchentag ;
eine praktische Anleitung zur Vorbereitung und Gestaltung ;
mit Tips, Erfahrungsberichten und Modellen /
Johannes Blohm. [Ill.: Werner Küstenmacher]. –
München : Claudius Verlag ; München : Don Bosco Verlag, 1994
ISBN 3-532-62163-0 (Claudius Verlag)
ISBN 3-7698-0773-1 (Don Bosco Verlag)
NE: Blohm, Johannes [Hrsg.]

© Claudius Verlag 1994
Alle Rechte, auch die des auszugsweisen Nachdrucks,
der photomechanischen Wiedergabe und der Übersetzung, vorbehalten.
Umschlaggestaltung: Werner Richter
nach einer Zeichnung von Werner Küstenmacher
Illustrationen: Werner Küstenmacher
Fotos: Dieter Rockrohr beim Landesverband für Evang. Kindergottesdienstarbeit i. B./
Hans Lachmann (S. 16)
Herstellung: Jutta Hollick
Gesetzt aus der Century Expanded: Utesch Satztechnik GmbH, Hamburg
Druck: G. J. Manz, München

Claudius Verlag: ISBN 3-532-62163-0
Don Bosco Verlag: ISBN 3-7698-0773-1

Inhalt

Vorwort 9

Gemeinsam feiern, singen und spielen. 13
Wir feiern Kinderkirchentag.
Johannes Blohm, Nürnberg

Wie haben wir es erlebt

Christlicher Glaube wird lebenswert. 17
Erfahrungen aus der biblischen Arbeit mit Kindern
in einer katholischen Pfarrgemeinde.
Maria Handwerker, Eggenfelden

**Kinderkirchentage in der Evangelisch-Lutherischen
Landeskirche Mecklenburgs.** 19
Ein Erfahrungsbericht.
Andreas Riemann, Neubrandenburg

Kinderkirchentage im ländlichen Bereich. 21
Erfahrungen aus dem Dekanat Bad Windsheim.
Gerlinde Tröbs, Bad Windsheim

Auf dem Weg zu einem Kinderbibeltag. 23
Ein Projektbericht.
Günther Schardt, Coburg

Wie fangen wir es an

Kinderkirchentag und Gemeinde. 27
Zur Vernetzung von Kinderkirchentag und Gemeindeaufbau.
Alfred Krauth, Feldkirchen

Aller Anfang muß nicht schwer sein. 30
Zur Vorbereitung eines Kinderkirchentags.
Johannes Blohm/Ulrike Sippel, Nürnberg

Checkliste. 43
Zur Vorbereitung und Gestaltung.
Johannes Blohm, Nürnberg

Die Bibel – ins Spiel gebracht. 47
Zur Gestaltung der Verkündigung mit Spiel und Pantomime.
Ulrike Sippel, Nürnberg

»... und dann brauchen wir noch 'ne Band!« 50
Zur Musik bei Kinderkirchentagen.
Cathrin und Andreas Schley, Thedingshausen

Unsere Kinderkirchentags-Modelle. 53
Eine Gebrauchsanweisung.
Johannes Blohm, Nürnberg

Das können Sie machen

Miteinander glauben lernen. 57
Ein Tag mit Abraham und seiner Familie.
1. Mose 12 ff.

Bei Gott geborgen. 73
Jakob.
1. Mose 27 ff.

Mit Gottes Segen auf unbekannten Wegen. 89
Josua.
Josua 1–4

Ein Bote des Friedens. 105
Bileam.
4. Mose 22 ff.

Und des Herrn Wort hat ihn versorgt. 127
Elia auf der Spur.
1. Könige 17–19

Freunde fürs Leben. 147
David und Jonathan.
1. Samuel 16 ff.

Sieht auch dich und hat dich lieb. 167
Bartimäus und Zachäus.
Lukas 18,35 ff.

Auf daß mein Haus voll werde. 183
Das große Gastmahl.
Lukas 14,15–24

Hand in Hand mit Gott. 195
Symbol Hand.

Komm, komm, zieh mit uns in die Stadt des Lebens. 207
Offenbarung 21,4 ff.

Anhang

Liederverzeichnis 221
Verzeichnis von weiteren Kinderkirchentags-Modellen
und -Anbietern. 223

Gespannte Aufmerksamkeit von Groß und Klein für das Bühnenspiel

Vorwort

»Mit vor Begeisterung leuchtenden Augen zogen die 1200 Kinder singend und tanzend aus dem Kinderkirchentagszelt. Wie im Fluge war der Tag zu Ende gegangen. Gottesdienst, Mittagszeit und Nachmittagsprogramm mit Spielstraße und Kindertheater hatten den Kindern viel Freude bereitet. Die meisten wollen wiederkommen. Wir werden dann auch dabeisein.«

Diese Zeilen stammen aus dem Brief eines Pfarrers, der als Beobachter zum Kinderkirchentag gekommen war, um herauszufinden, ob eine solche Veranstaltung auch tatsächlich etwas für und mit Kindern sei. Das Ergebnis seiner »Spurensuche« ist oben zu lesen.

Kinderkirchentage können begeistern – nicht nur die Kinder, sondern auch die sie begleitenden Erwachsenen (Eltern/Großeltern/BegleiterInnen). Diese Begeisterung ist ansteckend und weckt Lust, selbst Kinderkirchentage zu gestalten. In vielen Regionen gehören Kinderkirchentage heute fast wie selbstverständlich zum Angebot der kirchlichen Arbeit mit Kindern.

Seit Mitte der 70er Jahre ist eine eigenständige Kinderkirchentagsarbeit entstanden. Nach dem Deutschen Evangelischen Kirchentag 1979 in Nürnberg, auf dem auch ein Kinderkirchentag stattfand, kam es zu einem unerwarteten Durchbruch. In vielen Landeskirchen werden seitdem Kinderkirchentage angeboten – als regionale oder überregionale Veranstaltungen.

Speziell in Bayern sind Kinderkirchentage stark verbreitet und werden mit großer Regelmäßigkeit veranstaltet. Da das Nürnberger Team alleine die vielen Veranstaltungen nicht mehr durchführen konnte, entwickelte sich erfreulicherweise viel regionale Eigeninitiative und -verantwortung. Nach wie vor gefragt – auch in anderen Landeskirchen – sind dabei die Modelle des Teams, die jedes Jahr neu erstellt und durchgeführt werden: sowohl bei Vorbereitungsteams, die schon mehrmals Kinderkirchentage durchgeführt haben, als auch bei Einsteigern. Gerade letztere sehen in der Addition von zuviel Neuem (Organisation/Konzept/Themenfindung und Modellerstellung) eine Überforderung und greifen deshalb gerne auf die Erfahrungen und Ergebnisse anderer zurück.

Dieses Buch ist aus der Begeisterung für Kinderkirchentage und den vielen guten Erfahrungen damit entstanden. Es soll den vielen, die sich Gedanken darüber machen, ob sie einen Kinderkirchentag anbieten sollen oder was konkret sie bei einer solchen Veranstaltung machen könnten, Anregungen und Hilfestellung geben.

An den Anfang gestellt sind Erfahrungsberichte unter dem Motto »Wie haben wir es erlebt«. Das Team aus Coburg hat sich bereit erklärt, seine

Erfahrungen bei der *Erstmaligen Durchführung* eines Kinderkirchentags festzuhalten. Ein anderer Beitrag stellt die *Erfahrungen* mit Kinderkirchentagen im Gebiet *der ehemaligen* DDR vor. Dort waren Kinderkirchentage eine der wenigen Möglichkeiten, überregional kirchliche Arbeit mit Kindern zu gestalten. Oftmals wird behauptet, daß Kinderkirchentage eine Veranstaltung für den städtischen Raum seien. Der Erfahrungsbericht aus Bad Windsheim stellt klar, daß *Kinderkirchentage im ländlichen Raum* eine dort gleichfalls akzeptierte Veranstaltung sind, ja daß dort sogar in noch höherem Maße hilfreiche Bedingungen für die Gestaltung und Organisation vorzufinden sind.

Zu diesen Erfahrungsberichten kommen unter dem Motto »Wie fangen wir es an« Überlegungen für die Organisation, Planung und Durchführung eines Kinderkirchentags. Verschiedene »Spezialisten« haben ihre langjährigen praktischen Erfahrungen in kurzen Artikeln festgehalten und wollen damit auf wichtige Aspekte bei der Vorbereitung und Gestaltung eines Kinderkirchentags hinweisen.

Den Hauptteil des Buches machen Entwürfe und Modelle aus. Die meisten sind mehrfach erprobt. Dabei hat sich bei jeder Durchführung durch neue Texte oder Spielideen etwas verändert. Das zeigt, daß es *das* fertige Modell nicht gibt, sondern daß jeder Kinderkirchentag bei jeder erneuten Durchführung Veränderungen erfährt: durch neue oder anders zusammengesetzte Teams, geänderte Lebensverhältnisse, neue Lieder und kreative Methoden, die aus anderen Regionen mit anderen Traditionen stammen können.

Ganz wichtig wurde im Laufe der Vorüberlegungen zu diesem Buch auch die ökumenische Dimension und Chance der Kinderkirchentage. Nicht nur in der Verlagskooperation sollte dies zum Ausdruck kommen, sondern auch durch Beiträge und Modelle. Das gestaltete sich schwieriger als gedacht, weil dieses Arbeitsfeld erst seit wenigen Jahren in der katholischen Kirche intensiver angegangen wird – als Folge der positiven Erfahrungen aus der ökumenisch getragenen Kinderbibelwochenarbeit. Aber auch mit den wenigen Beiträgen ist das Anliegen eingebracht und soll Mut machen, diesen Weg begonnener gemeinsamer kirchlicher Arbeit mit Kindern weiterzugehen. Auch der Beitrag aus Mecklenburg weist auf die Bedeutung der ökumenischen Dimension von Kinderkirchentagen hin.

In dem Beitrag aus Coburg wird deutlich, daß die vorgelegten Modelle und Entwürfe nicht nur unter dem Begriff *Kinderkirchentag* firmieren können, sondern auch als *Kinderbibeltage* zu gestalten sind. Die Grundstruktur der Gestaltung ist identisch, ebenso der Vorbereitungsaufwand. Für manche klingt nur die Bezeichnung Kinderkirchentag zu groß, und sie planen dasselbe bereitwilliger unter der Bezeichnung Kinderbibeltag. Auch wenn klar ist, daß sich die Kinderbibeltage aus der Kinderbibelwochenarbeit entwickelt haben, ist doch die Nähe von Kinderbibeltag und Kinderkirchentag unübersehbar. Zudem haben sich in manchen Gebieten eigene Begrifflichkeiten durchgesetzt. Eine Änderung würde da nur Verwirrung stiften.

So ist das Buch ein Ausdruck der Überzeugung, daß Kinderkirchentage die frohe Botschaft von der Liebe Gottes zu allen Menschen, zu den Kleinen und den Großen gleichermaßen, weitergeben und daß sie in bester Weise Glauben stärken und Gemeinschaft wachsen lassen.

»Zeige uns den Weg ins gelobte Land«
Szene aus: Josua – mit Gottes Segen auf unbekannten Wegen, KKT 1991

Auf dem Marktplatz in Jericho
Szene aus: Sieht auch dich und hat dich lieb, Barthimäus und Zachäus, KKT 1989

Gemeinsam feiern, singen und spielen
Wir feiern einen Kinderkirchentag

Stellt man Kindern auf dem Kinderkirchentag die Frage, warum sie zum Kinderkirchentag kommen und was ihnen daran gefällt, bekommt man viele verschiedene Antworten. Zehn Antworten, die das weite Spektrum wiedergeben, seien hier exemplarisch aufgeführt:
– weil man interessante Geschichten von Gott und Jesus vorgestellt bekommt und miterleben kann,
– weil so schöne Lieder gesungen werden,
– weil immer so eine gute Stimmung herrscht,
– weil man viele neue Kinder kennenlernt, mit denen man Freundschaft schließen und spielen kann,
– weil vieles ganz anders ist als daheim im Kindergottesdienst,
– weil man mit anderen Kindern von zu Hause wegfahren kann,
– weil immer eine so tolle Spielstraße aufgebaut wird,
– weil am Nachmittag nochmals eine Band spielt oder ein Zauberer oder ein Theater extra für uns da ist,
– weil man so viel zusammen macht (miteinander singen, beten, reden, aufschreiben, basteln, spielen, feiern),
– weil man meistens ein kleines Geschenk bekommt.

Diese Antworten zeigen ganz deutlich: Kinderkirchentage sind eine Veranstaltung der Kirche, die Kinder gerne besuchen und an die sie gerne zurückdenken, weil sie gute Erinnerungen damit verknüpfen. Die Kinder fühlen sich hier in einer besonderen Weise angesprochen, weil sie sich selbst einbringen können, weil ihren Erwartungen, Hoffnungen und Wünschen ans Leben Platz gegeben wird, kurz: weil sie sich angenommen und aufgenommen fühlen. Kinder spüren, auch wenn sie darüber keine großartigen Worte verlieren oder ihr Empfinden nicht so artikulieren könne wie es vielleicht oftmals von den Erwachsenen erwartet wird, alle Liebe, Sorgfalt und Mühe, die bei der Vorbereitung einer solchen Veranstaltung eingesetzt wird. Kinder merken sehr schnell, ob sich die Erwachsenen haben leiten lassen von der Überzeugung: »Gebt den Kindern ihren Platz...« oder nicht. Und dementsprechend werden sie den Kinderkirchentag mit Leben erfüllen, und zwar mit einer nur ihnen möglichen Mischung von zustimmender Begeisterung, mitreißender Stimmung und zupackendem Mitmachen – alles Zeichen für die hohe Akzeptanz der Kinderkirchentage.

Nun feiern wir Kinderkirchentage nicht allein deswegen, um den Kindern ein Erlebnis besonderer Art zu verschaffen (Gestaltung/Atmosphäre/Gemeinschaft). Aber unbestritten gehört das Erleben einer Gemeinschaft mit vielen anderen Kindern und Erwachsenen, die fröhliche und freundliche Atmosphäre, das Bühnenspiel, das Angebot eines gemeinschaftlichen Miteinanders in Tanz, Spiel und Kreativität dazu. Für viele Kinder, mehr als wir gemeinhin annehmen, ist ein solches Erleben von Gemeinschaft im Gegensatz zu dem sonstigen, mehr individuell ausgerichteten und gestalteten Leben ein beindruckendes und nachhaltiges Ereignis. Lebendige und persönlich gestaltete Wirklichkeit überzeugt mehr als alle noch so perfekten künstlich erzeugten Welten im Computerspiel.

Kinderkirchentage leben darüber hinaus, wie der Name anzeigt, nicht nur vom Gemeinschaftsaspekt, sondern ebenso von der Verkündigung der frohen Botschaft der Liebe Gottes zu allen Menschen dieser Erde. Den Kinderkirchentag besuchen auch viele Kinder, die sonst wenig oder sogar gar nicht im Raum der Kirche beheimatet sind: Kinder, die kaum mehr mit der christlichen Botschaft in Kontakt kommen. Kinder, die vielleicht noch gar nichts davon gehört oder gesehen haben. Dieser missionarische Aspekt des Kinderkirchentags muß erkannt, gewahrt und auch genutzt werden. Verkündigung der frohen Botschaft wird immer *das* wichtige Anliegen des Kinderkirchentags sein. Und dabei kann dieses Anliegen in einer Weise umgesetzt werden, die den Kindern zusagt, ihnen Wege zum oder im Glauben eröffnet und sie dabei weder überfordert noch zu »Glaubenserlebnissen« nötigt.

Die Botschaft auf diese Weise ins Spiel zu bringen bedeutet zweierlei. Erstens: die Botschaft des Glaubens ernstzunehmen, aufzunehmen und umzusetzen. Und zweitens: dieses Umsetzen so zu gestalten, daß Kindern ein spielender, spielerischer Zugang zur Botschaft ermöglicht wird und sie auch die Chance haben, erst einmal »nur« Interesse zu zeigen, indem sie einfach zusehen und zuhören. Daraus leitet sich ab, daß sowohl die Auswahl der Texte/Themen als auch die Umsetzung ihrer Botschaft konkrete Anhaltspunkte im Leben der Kinder (und auch Erwachsenen) haben und daß diese konkreten Bezüge auch für die Kinder selbst erkennbar und nachvollziehbar sind.

Alle Ansätze einer Problematisierung von Verhaltensweisen, Überzeugungen und Lebensmaximen haben ihre Basis in den Anfragen der Botschaft selbst und nicht umgekehrt. Evangelium ist immer lebensnah. Deshalb muß der Kinderkirchentag auch immer beides bieten: Verkündigung der Botschaft im Rahmen des damaligen Geschehens *und* Konkretion der Botschaft im Feld des heutigen Lebens. Elementarisierung (Bühnenspiel/Musik) und

Aktualisierung (Gesprächsgruppen/Mitmachaktionen) geben dem Kinderkirchentag seine besondere Prägung.

Dazu gehört weiter auch das Feiern als wichtiger Bestandteil der Gestaltung. Christliche Gemeinschaft lebt aus dem Botschaft-Feiern. Deshalb ist beim Kinderkirchentag auch möglichst darauf zu achten, daß das Feiern eines Festes mit eingeplant wird. Selbstverständlich wird sich das nicht immer um jeden Preis einfügen lassen, aber zumindest muß dieser Aspekt bedacht werden.

Keine Frage oder ein Problem sollte es heutzutage sein, überkonfessionell zum Kinderkirchentag einzuladen und so die ökumenische Dimension und das Verbundensein im Glauben an den *einen* Herrn der Welt und aller Zeiten sichtbar werden zu lassen. Gerade in der Gemeinschaft der Kinder kann diese Verbundenheit unkompliziert erlebbar werden, weil Kinder noch nicht von den rationalen Lehrdifferenzen geprägt sind und deswegen Gemeinschaft erst einmal vorbehaltlos und unbekümmert leben. Kann es ein hoffnungsvolleres Bild für die Zukunft geben als dieses?

Kinderkirchentage haben nicht nur für ihre kleinen und großen Besucher viele schöne und nachhaltige Aspekte. Auch für den Veranstaltungsort und die Region kann mit dem Kinderkirchentag in eindrucksvoller Weise ein Angebot der kirchlichen Arbeit an die Öffentlichkeit gebracht und der örtlichen und regionalen Arbeit neue Impulse gegeben werden. Diese bekommt dadurch eine höhere Akzeptanz: Sowohl der Arbeit selbst als auch den Mitarbeiterinnen und Mitarbeitern wird so insgesamt mehr Anerkennung zuteil.

Johannes Blohm, Nürnberg

*Niedergeschlagenheit und Ratlosigkeit im Lager der Israeliten
Szene aus: Gott geht mit, KKT Nürnberg 1979*

*»Kommt alle her, hali halo« – den Ruf der Band hören die Kinder gerne
Szene aus: Gott geht mit, KKT Nürnberg 1979*

Christlicher Glaube wird lebenswert

Erfahrungen aus der biblischen Arbeit mit Kindern
in einer katholischen Pfarrgemeinde

Kinder stehen dem Leben zunächst offen und neugierig gegenüber. Sie wollen entdecken und ausprobieren. Sie beobachten genau und üben spielerisch Verhaltensweisen ein und ahmen andere nach. Menschen werden zuerst in ihrer Kindheit geprägt – nicht umsonst suchen viele Therapeuten einen Heilungsansatz in den Kindheitserinnerungen ihrer Patienten.

Kindern wird heute oft auf vielfältige Weise die Möglichkeit geboten, ihre Interessen und Fähigkeiten zu entdecken und zu entwickeln, z.B. in der Musikschule, Ballettgruppe, im Sportverein...

Kinder nehmen diese Angebote gerne und hochmotiviert an. Wichtig sind die Begegnung mit anderen, ein sympathischer Lehrer oder eine motivierende Trainerin oder auch etwas miteinander zu tun, anderen zu zeigen, was man schon kann, und dafür gelobt und bewundert zu werden.

Der Zugang zum Evangelium Jesu Christi geschieht dagegen oft auf eher eingeschränkte Weise: im Hören und Lesen.

Auf Dauer ist das einseitig und langweilig. Oft werden die Zuhörer auch durch lange und schwierige Texte überfordert; das Gehörte prägt nur schwer das Verhalten im Alltag. Für Kinder ist es noch schwieriger, sich auf Worte zu beschränken, noch dazu, wenn sie deren Bedeutung nicht verstehen.

Wenn die christliche Frohbotschaft das alltägliche Leben prägen und als sinnvoll empfunden werden soll, dann muß ihre Vermittlung auf vielerlei Weise geschehen, immer so und immer dort, wo Menschen besonders ansprechbar sind.

Aus diesem Grund gibt es in unserer katholischen Pfarrgemeinde seit einigen Jahren (zum Teil in Zusammenarbeit mit der evangelischen Kirchengemeinde) Angebote für Kinder, um sie die christliche Botschaft auf vielerlei Weise erleben zu lassen, z.B. durch Kinder- und Familiengottesdienste, Kinderbibelwochen, Kinderbibeltage...

Immer wenn eine solche Veranstaltung angekündigt wird, sind Kinder spontan und mit großem Eifer dabei. Inzwischen hat es sich wohl auch herumgesprochen, daß das eben etwas anderes, etwas Schönes ist. Viele Eltern aus anderen Pfarrgemeinden haben schon bei uns angefragt, warum es solche Veranstaltungen denn in ihrer Pfarrgemeinde nicht gäbe. Vielleicht wären diese Eltern bereit, dabei mitzuarbeiten, sobald sie eine entsprechende

Anleitung hätten. Viele Eltern fühlen sich ja in Sachen Religion nicht (mehr) kompetent – eine Tatsache, die die Suche nach Mitarbeitern und Mitarbeiterinnen nicht leicht macht.

Bei den bereits genannten Angeboten unserer Pfarrgemeinde werden biblische Texte, Geschichten, Lieder und Methoden auf die Kinder abgestimmt. Es gibt Raum zum begeisterten Mitklatschen und Tanzen religiöser Lieder, zum körperlichen Einfühlen in die Situation der betroffenen Personen und verschiedene Möglichkeiten der Darstellung der biblischen Geschichten.

Kinder erleben sich oft als schwach und klein. Nicht selten werden sie von Erwachsenen nicht ernst genommen. Gerade darum kommen sie in ihrem Erleben den »Schwachen« und »Kleinen« der Bibel so nahe. Gerade darum gelingt es ihnen, mit den Befreiten und Geheilten Gott zuzujubeln und mit bewegtem Herzen zu danken. Jesus erleben sie unmittelbar als Begleiter, Freund, Hoffnungsgeber – eben als vertrauten Menschen, der ihnen ganz nahe ist (nicht weit weg im Himmel).

Was liegt da näher, als auch Wünsche und Bitten für das Leben zu äußern oder einfach nur von eigenen Erlebnissen zu erzählen. So leben, erleben und üben Kinder ihren Glauben. Sie machen positive Erfahrungen. Religiöses Leben wird erstrebenswert. Schon die Apostelgeschichte berichtet, daß Außenstehende vor allem durch das Leben der ersten Christengemeinde angezogen wurden (vgl. Apg.2,43–47).

Diese positiven Erfahrungen mit der frohen Botschaft ermöglichen es den jungen Menschen, auch (später) in den kritischen und schweren Zeiten ihres Lebens in Jesus einen vertrauten Freund und in Gott eine verläßliche Stütze zu finden. Wie tief Kinder bei diesen Angeboten mitleben, wie sehr sie sich nach der Gemeinschaft der Mitglaubenden und -feiernden sehnen, wie sehr sie sich die Erfahrung der Nähe Gottes wünschen, wurde mir klar, als Jugendliche, die dem Alter entwachsen waren, für das diese Veranstaltungen gedacht sind, traurig und drängend fragten: »Warum gibt es das für uns nicht mehr?«

Unsere Firmgruppen äußerten diesen Wunsch ganz deutlich in ihren Anregungen für die Pfarrgemeinde: »Als erstes muß es unbedingt eine Bibelwoche für uns geben und mehr Jugendgottesdienste.«

Meinen Beobachtungen nach bleiben aber auch Erwachsene von dieser Art der Glaubensvermittlung und -feier nicht »verschont«. Sie werden von der Freude der Kinder angespornt und mitgerissen, aber auch zum Nachdenken gebracht. Diese Art der Glaubensvermittlung an Kinder und über sie an die ganze Pfarrgemeinde stellt eine große Bereicherung des religiösen

Lebens dar und eine Chance, die christliche Botschaft auch in Zukunft als lebensnah und sinngebend zu vermitteln.

Natürlich gibt es auch bei uns Gemeindeglieder, die über solche Angebote lächeln und sie nicht »für voll« nehmen. Doch die Freude der jungen Menschen und ihr Mittun gibt mehr als Mut, ist fast schon Verpflichtung zum Weitermachen.

Diese genannten Erfahrungen und Beobachtungen lassen den Wunsch wachwerden, für alle Altersstufen solche ganzheitlichen Zugänge und Erfahrungen im Glauben anzubieten. Hier eröffnet sich ein weites Feld für Überlegungen, Versuche und überraschende Erfahrungen.

Maria Handwerker, Eggenfelden

Kinderkirchentage in der Evangelisch-Lutherischen Landeskirche Mecklenburgs

Ein Erfahrungsbericht

Im Zusammenhang mit Christenlehre und Konfirmandenunterricht als dem ständigen und verbindlichen Angebot der Ortsgemeinde laden wir Kinder zu Kinderbibelwochen und Kinderkirchentagen ein. Diese Veranstaltungen finden vorwiegend überregional, innerhalb der Schulferien oder an schulfreien Tagen, an Nachmittagen oder mehreren Tagen hintereinander statt. Kinder aus verschiedenen Altersgruppen, aus Stadt- und Landgemeinden einer Propstei oder eines Kirchenkreises begegnen sich und erleben hier außerhalb der ihnen sonst vertrauten Kleingruppe weitere, vielfältige Lebensformen des christlichen Glaubens.

In gemeinsamen Zeiten und Stunden und für Kleingruppen werden Kindern Themen ihres Lebens in abwechslungsreicher Form nahegebracht und erfahrungsbezogen mit biblischen Orientierungen verbunden. Der ganzheitliche, gemeinsame Lernprozeß wird dabei wesentlich geprägt durch Erlebnisformen der Gemeinde: Essen und Trinken, Spielen, Tanzen, Feste feiern, gemeinsames Malen und Basteln, Entdeckungsreisen in Natur und Menschengemeinschaft, in Kirche und Welt.

Verantwortlich sind jeweils mehrere hauptamtliche Mitarbeiterinnen und Mitarbeiter der Kinderarbeit der Ortsgemeinden, gelegentlich auch ehrenamtliche Helfer, Eltern und Mitglieder der Jungen Gemeinden.

Nach diesen überregionalen Veranstaltungen bleiben immer auch Fragen zurück: Was geschieht mit den Kindern und in ihnen, wenn sie wieder in ihre kleine, mitunter überalterte, mecklenburgische Ortsgemeinde zurückkehren? Welche Erlebnisformen können ihnen dort und in ihren kleinen, sich oft nur mühsam über Entfernungen zusammenfindenden Christenlehregruppen, in den bescheiden ausgestalteten Räumen angeboten werden? Wer begleitet sie, und wieviel Zeit kann ihnen geschenkt werden? Welchen Einfluß auf das Leben und die Verantwortlichkeiten ihrer Ortsgemeinde haben sie? Wieviel Mitbestimmung wird ihnen zugestanden, wenn sie gestärkt und erfüllt durch Erlebnisse von Kinderkirchentagen wieder nach Hause kommen?

Die Diasporasituation der Christen in der DDR haben Kinder in der Christenlehre oft als besonders beschwerlich, mühsam und bedrückend erlebt. Sie trafen sich in kleinen Gruppen, deren Mitglieder häufig einen längeren Anfahrtsweg hinter sich hatten. Sie kannten aus ihren Klassen kaum »Gleichgesinnte« und gaben sich mitunter selbst nicht als Christen zu erkennen. Man sprach kaum über Kirche, und so mußten auch Kinder früh ihren Weg finden zwischen »Bekennen« und »Verschweigen«. Kinderkirchentage hatten deshalb eine besondere seelsorgerlich-diakonische Bedeutung. Sie boten Hilfe und Ermutigung, indem sie die Erfahrung ermöglichten: Wir sind viele, und ich bin nicht alleine! Hier brauchte der einzelne sich nicht zu verstecken, fühlte sich verstanden und mußte sich nicht mühsam verständlich machen. Man wurde nicht ausgelacht, und die zahlreichen verantwortlichen Erwachsenen (Lehrern vergleichbar) nahmen die Kinder an, dachten und glaubten wie sie.

Heute erleben die Kinder, daß Kirche »irgendwie« zum öffentlichen Leben dazugehört. Es schadet nichts mehr, wenn man sich als Christ zu erkennen gibt. Aber es deuten sich andere Konflikte an, die zu Entscheidungen nötigen (Umwelt, Zusammenleben mit anderen). Und so eröffnen gerade ökumenisch verantwortete Kinderkirchentage Möglichkeiten schrittweiser Erfahrungen auf dem Wege zu einer gemeinsamen Kirche, die nach der Phase der Bestätigung ihrer großen und kleinen Mitglieder, der Vergewisserung und ausdrücklichen Ermutigung mehr und mehr »Kirche für andere« werden kann.

Im Auftrag der Kreiskatechetenkonferenz der Mecklenburgischen Landeskirche sind seit Jahren die Arbeitshilfen »Kinderkirchentage« herausgegeben und zum Teil auch über die Grenzen der Landeskirche hinaus versandt worden. Es werden dabei Themen gewählt, die eine Zusage aussprechen und die Kinder ermutigen sollen, als Christen in einer nichtchristlichen Umwelt (gelegentlich auch Familie) und in der Situation der Vereinzelung leben zu können. Die oben beschriebenen Fragebereiche sind in besonderer Weise bei der Erstellung der Arbeitshilfen aufgegriffen worden.

Diese zeigen alle einen ähnlichen Aufbau: Vorbemerkungen mit kurzer Themenbegründung, Entfaltung der Modelle durch die Arbeitsschritte »Persönliche Betroffenheit«, »Theologische Orientierungen«, »Didaktische Folgerungen«, Verlauf und Kommentierung, Aktionen und Materialien. Die Arbeitshilfen haben einen Umfang von 40 bis 70 Seiten und eine den technischen Möglichkeiten innerhalb der Kirchen in der DDR entsprechende Aufmachung und Gestaltung.

Das Interesse an dieser zuweilen auch »steinbruchartigen« Verwendung der Arbeitshilfen ist – rückblickend gesehen – sehr unterschiedlich gewesen. In den Jahren nach 1989 hat die Nachfrage deutlich abgenommen. Man versorgte sich nun verstärkt mit Materialien aus den westlichen Landeskirchen. Weiter kamen zusätzliche Aufgaben auf die Mitglieder der Arbeitsgruppe zu, so daß die Arbeit an neuen Arbeitshilfen für einige Zeit ruhen mußte. Erschwerend war auch die ungeklärte finanzielle Absicherung der Arbeitshilfen und ihrer Erstellung.

In der letzten Zeit aber wird wieder eine Nachfrage nach den Arbeitshilfen, die unserer eigenen kirchlichen und gesellschaftlichen Situation entsprechen, spürbar. Deshalb soll die Arbeit daran erneut aufgenommen werden.

Damit bleiben Kinderkirchentage in ihrer Bedeutung im Gespräch. Kinderkirchentage sind auch weiterhin wichtig und unaufgebbar, um Heranwachsende in einer größeren Gemeinschaft zu ermutigen, als junge Christen Glauben öffentlich und entschiedener als bisher zu leben und zu gestalten.

Andreas Riemann, Neubrandenburg

Kinderkirchentage im ländlichen Bereich
Erfahrungen aus dem Dekanat Bad Windsheim

Im Jahr 1989 kam bei einer Dekanatsfortbildung für Mitarbeiterinnen und Mitarbeiter im Kindergottesdienst der Wunsch nach einer gemeinsamen Aktion auf. Wir entschlossen uns daraufhin, einen Kinderkirchentag in unserem Dekanatsbezirk durchzuführen.

Nach der Themenfindung verwendeten wir ein Modell vom Amt für Gemeindedienst und überarbeiteten es für unsere (kleineren) Verhältnisse. Äußerst versiert erarbeiteten die Frauen und Jugendlichen ihre Spielszenen größtenteils selbständig. Von Hauptamtlichen wurde die Gesamtorganisation, die Werbung, die Bearbeitung der Anmeldungen, die Fahrtorganisation und die Vorbereitung der Gruppenbegleiterinnen und -begleiter übernommen. Für die Gestaltung der Spielstraße, Verteilung der Einladungen und die musikalische Ausgestaltung standen Hauptamtliche als Ansprechpartner zur Verfügung. Aber auch hier meisterten die ehrenamtlichen Mitarbeiterinnen und Mitarbeiter fast selbständig ihre Aufgaben.

Als Veranstaltungsort wählten wir die Turnhalle eines größeren Marktfleckens. Vor Ort kümmerten sich der Frauenkreis, Kirchenvorsteher und weitere Mitarbeiterinnen unter Leitung des Ortspfarrers um die Organisation: das Herrichten der Halle, der Außenanlagen und die Verpflegung beim Kinderkirchentag.

Im Mai 1990 fand der Kinderkirchentag statt. Wir rechneten mit etwa 250 Teilnehmern (Kinder und Mitarbeiter) und waren völlig überrascht, als sich über 500 Besucher anmeldeten. Die beachtliche Resonanz und das gute Gelingen ermutigten uns, dieses Unternehmen alle zwei Jahre zu wiederholen. Auch beim zweiten Mal war es ein großer Erfolg. Der dritte Kinderkirchentag ist nun in Planung.

Zusammenfassend möchte ich die positiven Gesichtspunkte eines Kinderkirchentags im ländlichen Raum hervorheben:
– Durch Krippenspiele und Laienspielgruppen sind die Mitarbeiterinnen und Mitarbeiter gut im szenischen Spiel bewandert und können weitgehend eigenständig proben.
– In den Landgemeinden (auch den größeren) besteht noch eine gute Dorfgemeinschaft. Deshalb klappt die Organisation vor Ort (Stühle stellen, Essen bestellen und austeilen, Getränkeverkauf usw.) hervorragend. Schließlich sind bei anderen Festen ähnliche Aufgaben zu bewältigen.
– Themen werden bereitwillig anhand eines vorliegenden Modells erarbeitet und auch verändert. Wegen der geringen Beteiligung von Hauptamtlichen würde eine völlig selbständig erarbeitete Kinderkirchentagskonzeption meines Erachtens zu viel Zeit in Anspruch nehmen und die Mitarbeiterinnen und Mitarbeiter überfordern.
– Während der Vorbereitungsphase bildet sich eine gute Gemeinschaft unter den Mitarbeiterinnen und Mitarbeitern, die auch der weiteren Dekanatsarbeit zugute kommt.
– Viele Eltern nehmen am Kinderkirchentag teil und sind durchaus auch zu spontaner Mitarbeit (z. B. bei der Spielstraße) bereit.
– Wichtig ist die musikalische Unterstützung durch eine Band. Unsere Dekanatsband kannte von Anfang an das Konzept und konnte sich ausge-

zeichnet auf die Bedürfnisse der Kinder einstellen. Dies sorgte für eine entsprechend gute Stimmung im Gottesdienst.
- Finanziell war das Unternehmen durch die intensive Mithilfe ehrenamtlicher Kräfte und großes Entgegenkommen der Kommunen (mietfreie Benutzung der Hallen) und Geschäfte (Sonderpreise bei Speisen und Getränken) kein Risiko. Der Teilnehmerbeitrag von 5 DM pro Kind, verbunden mit einer angeordneten Kollekte im Dekanatsbezirk, konnte die Kosten mehr als decken. Die Kosten für die Busse übernahmen die Kirchengemeinden.
- Für die Kinder aus den kleineren Ortschaften ist so eine Großveranstaltung ein Höhepunkt im Kindergottesdienstjahr. Sie zehren noch lange von diesem Gemeinschaftserlebnis.

Nach unseren bisherigen Erfahrungen sind Kinderkirchentage auch im ländlichen Bereich ohne Einschränkungen durchführbar. Engagierte Mitarbeiterinnen und Mitarbeiter bringen sich gerne ein, und für die Kinder ist eine solche Veranstaltung ein besonderes Ereignis, an das sie sich lange Zeit gerne erinnern.

Gerlinde Tröbs, Bad Windsheim

Auf dem Weg zu einem Kinderbibeltag
Ein Projektbericht

Seit mehreren Jahren veranstalten wir eine jährliche Kinderbibelwoche mit guter Resonanz bei Kindern, Eltern und Mitarbeitern.

Im Laufe der Jahre hat sich ein Mitarbeiterstamm von ungefähr 40 Jugendlichen und Erwachsenen gebildet, die sich jährlich daran beteiligen. Wegen der großen Kinderzahl (ca. 100 Kinder) sind wir schon bald dazu übergegangen, die biblischen Geschichten als Erzählpantomime oder als Bibeltheater zu gestalten.

Auf diese Erfahrungen konnten wir zurückgreifen, als wir daran gingen, einen größeren, für die ganze Region geplanten Kinderbibeltag in Angriff zu nehmen. Wir entschieden uns für die Bezeichnung »Kinderbibeltag« (auch wenn wir ein Kinderkirchentagsmodell verwendeten), weil sie uns von zahlreichen in den Gemeinden stattfindenden Kinderbibelwochen her für die Kinder plausibler erschien.

Nach ersten Vorüberlegungen begann die konkrete Planung ungefähr ein

Jahr vor der Veranstaltung mit Informationen in der Pfarrkonferenz, mit Informationsschreiben an die Kontakthelfer und mit der Festlegung des Veranstaltungsortes. Wir entschieden uns für die Zeit drei Wochen nach den Sommerferien, weil da sowohl jugendliche Helfer als auch Kinder schulisch noch nicht so eingespannt sind. Außerdem ermöglicht dieser Zeitpunkt einen Anschubeffekt für den Kindergottesdienst nach der Sommerpause. Beim Veranstaltungsort wählten wir wegen der besseren technischen Möglichkeiten im Bereich Bühne, Licht und Ton das Kongreßhaus.

Im Frühjahr wurde das Thema festgelegt. Wir einigten uns auf die Geschichte von Josef und seinen Brüdern, weil sie vom Geschwisterkonflikt her kindgemäß ist, weil sie die Führung Gottes aufzeigt und weil sie sich dramaturgisch gut in Szene setzen läßt.

Im Frühsommer entstand das Drehbuch, so daß sich die Hauptdarsteller schon während der Sommerferien mit ihrem Text beschäftigen konnten. Parallel dazu lief die Gewinnung und Motivierung der übrigen Mitarbeiterinnen und Mitarbeiter. Auch die Werbung wurde schon vor den Sommerferien vorbereitet.

Zunächst war die Reaktion der Pfarrkolleginnen und -kollegen sehr zögernd, so daß es fraglich war, ob sich das Projekt überhaupt wie geplant durchführen ließe. Eine Umfrage bei den Pfarrämtern unseres Dekanats, mit wieviel Kindern wir rechnen könnten, ermutigte uns dann doch zum Weitermachen.

Die Werbung erfolgte in den Landgemeinden über die Pfarrämter, die ihrerseits die Handzettel, die wir ihnen zuschickten, in den Kindergottesdiensten und Kindergruppen verteilten. Jedes Kind, das teilnehmen wollte, sollte sich anmelden, damit wir so einen Überblick über die Kinderzahl bekommen konnten. Auf einen Teilnehmerbeitrag von seiten der Kinder wurde aus organisatorischen Gründen verzichtet.

In der Stadt erfolgte die Werbung über die Schulen. Für jede Schule wurde eine Kontaktperson gewonnen, die die Handzettel an die Kinder ausgab und über die dann auch der Rücklauf der Anmeldungen erfolgte. Auf diese Weise war es möglich, alle Kinder anzusprechen. So waren auch katholische, ungetaufte und muslimische Kinder dabei.

Als zum Zeitpunkt des Anmeldeschlusses die Zahl erst bei einem Drittel der erwarteten 300 Kinder lag, machte sich Enttäuschung breit. Aber dann wuchs die Zahl der angemeldeten Kinder sprunghaft an, und am Schluß waren 650 bis 700 Kinder da, mehr als doppelt soviel wie wir erwartet hatten. So mußte die Zahl der Imbißportionen, die wir für die Kinder vorbereitet hatten, täglich erhöht werden, was nicht leicht war.

Wir hatten darum gebeten, daß die Pfarrämter die Anfahrt der Kinder organisierten, was gut klappte. Pro 10 Kinder sollte eine Begleitperson vorhanden sein. Häufig waren auch Eltern mitgekommen, so daß insgesamt 750 bis 800 Personen dabei waren.

Zur »heißen Phase« gehörten auch die Proben, die wir mit verschiedenen Gruppen getrennt durchführten: mit der Musikgruppe, mit den Brüdern und den übrigen Schauspielern, mit der Gruppe, die Josefs Träume pantomimisch darstellte, und mit der Tanzgruppe, die einen Pharaonentanz einstudierte. Voraus ging das Anfertigen der Gewänder, die von Frauen aus der Gemeinde genäht wurden. Insgesamt waren 60 Spielerinnen und Spieler auf der Bühne, die mit viel Freude und Engagement an die Sache herangingen und die viele kreative Ideen mit einbrachten. Die Einbeziehung von Mitarbeiterinnen und Mitarbeitern aus anderen Gemeinden erwies sich als sehr positiv. Dadurch identifizierten sich mehr Gemeinden mit dem Projekt und gestalteten es engagierter mit.

Die Veranstaltung selbst dauerte zweieinhalb Stunden. Nach einer Eröffnungs- und Begrüßungsphase, in der auch die Lieder eingeübt wurden, verlief das Spiel bis zum Tiefpunkt der Handlung, als Josef im Gefängnis saß. Hier schoben wir eine Reflexionsphase ein, in der sich die Kinder in Kleingruppen Gedanken machen sollten, wie es Josef im Gefängnis geht und ob sie sich auch einmal schon so verloren und verlassen gefühlt haben. Der Schluß der Josefsgeschichte mündete in ein großes Versöhnungsfest ein, das die Kinder mitfeierten: Es gab einen kleinen Imbiß, es wurde gesungen und getanzt. Trotzdem waren die Kinder beim Vaterunserlied und beim Segen am Schluß wieder sehr gesammelt dabei.

Die vielen positiven Rückmeldungen von seiten der Kinder, von Mitarbeitern und Besuchern zeigte, daß es sich lohnt, ein solches Projekt in Angriff zu nehmen. Nicht nur den Kindern, sondern auch allen Mitarbeiterinnen und Mitarbeitern hat es trotz der damit verbundenen Arbeit viel Spaß gemacht. Solch eine Veranstaltung hat nicht nur Wirkungen für diesen einen Tag, sondern darüber hinaus ergibt sich auch ein langfristiger Effekt, nämlich die Erfahrung, daß Kirche und Bibel etwas Schönes sind und Freude machen können.

Günther Schardt, Coburg

»Ich muß den König wieder aufmuntern mit meinem Singen und Spielen«.
Szene aus: Freunde fürs Leben, David und Jonathan, KKT 1993

»Baal ist unser Gott«
Szene aus: Des Herrn Wort hat ihn versorgt, KKT 1990

Kinderkirchentag und Gemeinde

Zur Vernetzung von Kinderkirchentag und Gemeindeaufbau

Arbeit mit Kindern geschieht in den Gemeinden auf vielfältige Weise – je nach örtlichen und räumlichen Gegebenheiten, nach der Befähigung und dem Interesse der Mitarbeiter und dem Konzept von Gemeindeaufbau, das Pfarrer und Kirchenvorsteher bzw. Pfarrgemeinderäte haben. Die folgenden Überlegungen versuchen nun, Anregungen zu geben, wie ein Kinderkirchentag und die verschiedenen Felder der gemeindlichen Arbeit mit Kindern sich gegenseitig beleben können.

Kindergottesdienst

Viele Kindergottesdienste sind attraktiv, lebendig und entsprechen den Bedürfnissen der Kinder. Die Mitarbeiter und Mitarbeiterinnen sind hoch motiviert. Hier hat der Kinderkirchentag die Funktion, Gemeinschaftserlebnis zu bieten. Erlebniswert hat bereits die Planung des Besuchs einer solchen Veranstaltung, die Vorbereitung, die Anreise, das Singen der Lieder in der großen Gemeinschaft, die Musikband, natürlich das Spiel auf der Bühne, aber auch die Heimreise und die Nacharbeit im Kindergottesdienst. Gemeinsame Erlebnisse schmieden zusammen, lassen ein Zusammengehörigkeitsgefühl entstehen, helfen Distanz zu den Mitarbeitern im Kindergottesdienst zu überbrücken.

Andererseits fristet in vielen Gemeinden gerade in großstädtischen Regionen der Kindergottesdienst ein Dasein am Rand der Gemeinde: Wenige Kinder, meist die Kinder der Mitarbeiter, besuchen den Kindergottesdienst. Zusammenhängende Arbeit ist nicht möglich, weil eine hohe Fluktuation und stark schwankende Zahlen kontinuierliche Arbeit erschweren. Kinder, die solche Kindergottesdienste besuchen, erleben sich als Teil einer Minderheit, als kleines Häuflein, das sich deutlich als Außenseiter wahrnimmt. In der Schule sagt man nicht, daß man »da« hingeht. Kindergottesdienst hat nach außen oft kein positives Image.

In einer solchen Situation kann der Kinderkirchentag den Kindern positive Erlebnisse vermitteln, denn sie spüren: Es sind doch viele, die an Kirche und biblischen Geschichten Interesse und Freude haben. Kinder wollen die Gemeinschaft mit Gleichaltrigen. Wenn die der Kindergottesdienst aus den verschiedensten Gründen nicht bieten kann, ist es sinnvoll und notwendig, sie den Kindern zu vermitteln. Der Kinderkirchentag ist dazu eine gute Möglichkeit.

Die Grenze des Kinderkirchentags liegt darin, daß Kinderkirchentage weniger für die Jüngsten des Kindergottesdienstes geeignet sind. Kleine Kinder unter 5 Jahren fühlen sich in einer großen Menge eher verloren. Und auch das Spiel auf der Bühne fordert manchmal zuviel an Aufmerksamkeit und Mitmachen von ihnen. Für die 8- bis 12jährigen jedoch, die in den Kindergottesdiensten immer seltener anzutreffen sind, stellt der Kinderkirchentag zweifelsohne eine Attraktion dar, an die sie sich noch lange erinnern.

Jungschararbeit/Kindergruppen

Leiter und Leiterinnen von Kinder- und Jungschargruppen können für die nächsten Gruppenstunden viele Anregungen aus dem Spiel auf der Bühne beziehen. Die Kinderkirchentage bieten eine Fülle von Anregungen, die zur Nacharbeit in den Gruppenstunden einladen. Darüber hinaus wird der Zusammenhalt der Gruppe durch den gemeinsamen Besuch gefördert, die religiöse Dimension des Themas wird in spielerischer Form auch solchen Gruppen nahegebracht, die sonst im Programm keine religiösen Themen aufgenommen haben. Kindergruppen und Kindergottesdienstbesucher begegnen sich und können sich gegenseitig zu ihren Veranstaltungen einladen. Mitarbeiter lernen sich kennen.

Schule

Der Besuch eines Kinderkirchentags ist immer ein größeres Ereignis für eine Gemeinde, in das alle Mitarbeiterinnen und Mitarbeiter einer Gemeinde eingebunden werden, die sich mit Kindern beschäftigen. Dazu gehören auch die Lehrkräfte an der Schule, die Religionsunterricht erteilen. Wenn es gelingt, sie für die Vorbereitung zu gewinnen oder dazu, die Kinder zum Kinderkirchentag zu begleiten, dann kann der Kinderkirchentag eine Brücke schlagen zwischen Schule und Gemeinde, was sich positiv auf die weitere Zusammenarbeit auswirkt.

Gemeindefeste

Vielleicht läßt sich das Thema auch einbinden in den nächsten Elternabend oder Familiengottesdienst, so daß über die Kindergruppe oder den Kindergottesdienst das Thema des Kinderkirchentags die ganze Gemeinde erreicht. Gemeinden haben hier schon gute Erfahrungen gemacht, wenn sie Familiengottesdienste oder gar Gemeindefeste thematisch an den Kinderkirchentag angebunden haben. Die Kinder können dann eine wichtige Rolle beim Gemeindefest spielen, indem sie nicht nur etwas vorspielen, sondern auch inhaltlich das Thema mitgestalten. Wichtiges Hilfsmittel, um die Begeisterung vom Kinderkirchentag hineinzutragen in die Gemeinde, sind die Lieder. Hinweisen möchte ich in diesem Zusammenhang auf die Arbeitshilfe »Aus Fremden werden Freunde« von Annette Habert, die zum Kinderkirchentag 1993 als Begleitmaterial erschienen ist und eine Fülle von Anregungen enthält, wie das Thema in die verschiedensten Bereiche der Gemeindearbeit eingebracht werden kann und wie so Vernetzung geschieht.*

Mitarbeit

Am meisten profitieren Gemeindegruppen, Jugendgruppen, Kindergruppen oder Mitarbeiter und Mitarbeiterinnen einer Gemeinde davon, wenn sie bei der inhaltlichen Vorbereitung eines Kinderkirchentags mitarbeiten oder die Durchführung mitgestalten. Die Vorbereitungen ziehen sich bei Kinderkirchentagen bis zu einem Jahr hin. Gerade Jugendgruppen können ein reiches Betätigungsfeld finden, wenn sie sich hier engagieren. Wenn der Kinderkirchentag zu ihrer Aufgabe wird, mit der sie sich identifizieren, dann motiviert der Erfolg der Aufführung die Gruppe zum Weitermachen und/oder dazu, sich an anderen Stellen Aufgaben zu suchen.

Die missionarische Dimension

Viele Gemeinden klagen darüber, daß sie nur ganz bestimmte Kinder erreichen und andere ihre Angebote überhaupt nicht wahrnehmen. Nun ist es längst erwiesen, daß heute ständig gleichbleibende Angebote wie Gruppen, Kreise oder auch regelmäßig wiederkehrende Gottesdienste dem Bedürfnis immer weniger Menschen entsprechen. Das gilt für Erwachsene, Jugendliche, aber auch für Kinder. So ist es in der Gemeindearbeit wichtig, neben dem Alltäglichen immer wieder auch einmal etwas Besonderes und Einmaliges anzubieten. Jeden Sonntag Kinderkirchentag wäre für die Kinder auf die Dauer auch langweilig. Er lebt davon, daß er etwas Besonderes ist und bleibt. Eine gute und persönliche Werbung für den Kinderkirchentag als Einzelveranstaltung lädt manche Kinder ein, die sonst nicht erreicht werden. Die meisten davon bleiben anschließend wieder weg, aber sie verbinden nun mit dem Wort »Kirche« positive Erlebnisse, die sie sonst nicht hätten. Daran kann zu gegebener Zeit wieder angeknüpft werden. Gemeinden müssen akzeptieren, daß die Teilhabe ihrer Mitglieder an ihrem Gemeindeleben künftig noch punktueller und selektiver werden wird. Kinderkirchentag ist eine Möglichkeit, dem Rechnung zu tragen. Künftig werden beide Anbin-

---

* Die Arbeitshilfe ist zu beziehen beim Landesverband für Kindergottesdienstarbeit. Adresse am Ende des Buches.

dungsformen an Gemeinde nebeneinander stehen müssen, will man nicht endgültig einen Großteil der Gemeinde – und Kinder sind auch Gemeinde – als unerreichbar abschreiben. Dazu gehört auch, daß der Kinderkirchentag für die Kinder nicht kostenlos ist. Er darf ruhig etwas kosten, denn dann ist er mehr wert in den Augen der Kinder und ihrer Eltern.

Alfred Krauth, Feldkirchen

Aller Anfang muß nicht schwer sein
Zur Vorbereitung eines Kinderkirchentags

Um einen Kinderkirchentag so feiern zu können, daß er für alle zu einem schönen und nachhaltigen Erlebnis wird, braucht es eine gezielte und im Detail sorgfältige Vorbereitung und Organisation. Die Vorstellung, daß eine solche Veranstaltung quasi nebenbei aufzuziehen sei, hat schon manche Verantwortlichen um die wohlverdiente Nachtruhe gebracht – je näher der Kinderkirchentag herbeirückte. Unnötige Hektik, Anspannung und Ärger lassen sich mit einer guten Vorbereitung vermeiden, und der Tag selbst kann mit Freude miterlebt und mitgefeiert werden.

An was alles zu denken ist, zum Teil schon lange vor dem Tag X, zeigen die folgenden Überlegungen. Diese sind dem zeitlichen Verlauf und den unterschiedlichen Ausgangslagen nach zusammengestellt. Jeder kann sich so den für ihn zutreffenden Organisationsplan erstellen.

Die Rahmenbedingungen
a) Kinderkirchentag als Einzelveranstaltung oder mit Anbindung an eine (Groß)Veranstaltung

Den verschiedenen Rahmenbedingungen entsprechend gestaltet sich die Vorlaufzeit unterschiedlich lang. Findet der Kinderkirchentag im Umfeld eines überregionalen/regionalen Kirchentags statt oder als Einzelveranstaltung ohne Anbindung an eine weitere kirchliche Großveranstaltung? Findet er zum ersten Mal statt, oder gibt es eine bekannte Tradition für den Kinderkirchentag? Diese Fragen müssen geklärt sein, damit von Anfang an deutlich ist, unter welchen Bedingungen der Kinderkirchentag veranstaltet wird. Denn diese Bedingungen haben höchst unterschiedliche organisatorische Konsequenzen.

Einfach ist es da, wo es bereits eine Kinderkirchentagstradition gibt. Ort und Zeit müssen nicht jedesmal neu festgelegt werden, gewisse Organisationsstrukturen sind vorhanden. Hier genügt ein Vorlauf von etwa zehn bis zwölf Monaten.

Etwas aufwendiger von der zeitlichen Planung her ist ein Kinderkirchentag im Rahmen einer weiteren kirchlichen (Groß)Veranstaltung, für die es keine Tradition gibt. Da gilt eine Vorlaufphase von etwa zwei Jahren, wobei am Anfang erst einmal Zeit und Ort des Kinderkirchentags festzuschreiben sind und dann bis zu den weiteren Vorbereitungen einige Zeit vergehen kann.

Ähnliches gilt, wenn der Kinderkirchentag als Einzelveranstaltung durchgeführt werden soll, ohne daß für diese Art des kirchlichen Angebotes ein gewisser Bekanntheitsgrad besteht. Auch hier braucht es eine fast zweijährige Vorlaufzeit, beginnend mit der Festlegung von Ort und Zeit, insbesondere dann, wenn auf nichtkirchliche Räume zugegangen wird. Langfristige Belegungspläne von Stadthallen etc. lassen nicht immer alle Wünsche zu. Aber auch innerkirchlich braucht es die rechtzeitige Festlegung und Reservierung der benötigten Räume.

b) Die Dauer und Größe der Veranstaltung

Wo keine Kinderkirchentagstradition vorhanden ist, ist auch rechtzeitig zu klären, ob eine Tages-, Vor- oder Nachmittagsveranstaltung zu planen ist. Diese Entscheidung hat wiederum Rückwirkungen auf die benötigten Räume. Zu diesen Räumen gehören auch Höfe, Grünanlagen und Wege, wenn sie genutzt werden sollen. Wenn möglich, sollte auf die Nutzung von Durchgangswegen oder auf Lagen in unmittelbarer Nähe zu größeren Verkehrsströmen verzichtet werden. Der damit verbundene Aufwand an Ordnern und mögliche Auflagen der Aufsichtsbehörden (Stadtbauamt, Polizei, Feuerwehr o. ä.) zur Abwendung von Gefährdungen können sich sehr erschwerend oder auch kostentreibend auswirken.

Die Festlegung der Dauer des Kinderkirchentags (halbtags/ganztags) hat natürlich auch Auswirkungen auf die Länge der Vorlaufphase. Diese ist umso länger anzusetzen, je weniger Mitarbeiterinnen und Mitarbeiter vorhanden sind. Ein Zeitraum von etwa einem Jahr (halbtägiger Kinderkirchentag) bis hin zu 15/16 Monaten (ganztägiger Kinderkirchentag) ist zu veranschlagen, um eine gewissenhafte Vorbereitung zu garantieren. Natürlich hängt diese Zeitspanne auch von der Erfahrung des Kinderkirchentagsteams ab. Die genannten Zeiten scheinen auf den ersten Blick als zu großzügig angesetzt. Es sind aber immer wieder Leerzeiten (Ferien/Ausfall von Treffen/Verzögerungen bei amtlichen Vorgängen/Krankheit o. ä.) einzuplanen, bei deren Eintreten man letzten Endes um jede weitere zur Verfügung stehende Woche froh ist.

Ein weiterer Faktor ist die zu planende Größe des Kinderkirchentags. Wieviele Besucher werden erwartet oder können eingeladen werden? Wie groß soll demnach der Einzugsbereich angesetzt werden? Unterschiede im Planungsbedarf gibt es bei Größenordnungen bis zu 200/250 Kindern, bis etwa 500 Kindern und dann ab 500 Kindern. Erst ab mehr als 1100 bis 1200 Kindern gibt es dann wieder ein spürbares Mehr an Vorbereitung, insbesondere hinsichtlich der Zahl der Mitarbeiterinnen und Mitarbeiter und der Größe des Veranstaltungsortes. Wesentlich größere Veranstaltungen sind dann eigentlich nur noch im Rahmen von Kirchentagen auf Stadt- oder Landesebene oder des Deutschen Evangelischen Kirchentags anzusiedeln.

Von eminenter Wichtigkeit, insbesondere bei einem erstmals veranstalteten Kinderkirchentag, ist nach der Festlegung von Zeit und Ort die Bekanntgabe des Termins an alle betroffenen Einrichtungen und Institutionen für deren Planungen. Nichts ist ärgerlicher als vermeidbare Terminüberschneidungen, nur weil einer vom anderen nichts gewußt hat. Auf alle Fälle sind die Pfarrämter, Gemeinden, Dekanate, Superintendenturen, Kreisjugendringe oder andere Träger von Kinder- und Jugendveranstaltungen zu informieren. Besser noch ist eine gemeinsame Terminfestlegung. Gemeindefeste, Kirchweihen etc. werden ebenso mit einer längeren Vorlaufzeit geplant und halten dann bei einer Terminüberschneidung Besucher und Mitarbeiterinnen und Mitarbeiter gleichermaßen in der Gemeinde – als dort gebrauchte Kräfte oder gerngesehene Gäste.

Die Öffentlichkeitsarbeit

In heutiger Zeit gehört die Öffentlichkeitsarbeit einfach dazu. Die Veranstaltung Kinderkirchentag ist gewichtig genug, um sie öffentlich und rechtzeitig bekannt zu geben. Nicht nur über die kirchlichen Informationslinien (Gemeindebriefe, epd etc.), sondern auch über die Tagespresse und die lokalen Rundfunksender. Die Plazierung im Regional- oder Landesfernsehen ist natürlich eine gute Sache, wenn die Sendezeit und die Kosten vertretbar sind und sich in den Rahmen der übrigen Finanzierung des Kinderkirchentags einfügen, falls überhaupt welche anfallen. Gute Kontakte zu Redaktionen machen sich hier bezahlt.

Erste Plazierungen sind möglichst frühzeitig vorzunehmen, eventuell bereits nach der grundsätzlichen Entscheidung über Ort und Zeit. Auf alle Fälle aber dann, wenn auch die Größe, der Einzugsbereich und die Thematik festgelegt sind.

In immer kürzeren Zeitabständen sind dann aktuelle Informationen und die dazugehörigen Plakate/Einladungen rauszugeben. Insbesondere dann, wenn auf der Schiene Tagespresse und/oder Regionalfunk geworben werden soll. Die Information der Gemeinden/Pfarrämter über die kirchlichen Medien braucht wohl nicht extra in ihrer Notwendigkeit betont werden. Gute Erfahrungen wurden mit vorbereiteten Text- und Bildvorschlägen gemacht, in die dann die spezifischen Gemeindedaten eingetragen werden können.

Auch die in der Kirche noch als unkonventionell (zumindest für Kinderkirchentage) geltende Möglichkeit einer Pressekonferenz und eines Interviews/Gesprächs im Lokalrundfunk müssen geplant werden. Dazu sind mit den zuständigen Redakteuren frühzeitig die notwendigen Absprachen zu treffen.

Öffentlichkeitsarbeit geschieht aber nicht nur in der Vorbereitungszeit, sondern auch direkt bei der Veranstaltung und im Nachgang dazu (Ergebnisse von Auswertungen/Beobachtungen). Wenn möglich, sollten die Redakteure bei ihrem Besuch der Veranstaltung begleitet werden und einen direkten Ansprechpartner haben. Dies baut Brücken für den nächsten Kinderkirchentag.

Die Themenarbeit/-findung

Etwa ein Jahr bis zehn Monate (je nach Team) vor dem Kinderkirchentag muß die Festlegung der Thematik erfolgen. Gibt es besondere gesellschaftlich relevante Themen (z. B. Fremdenhaß/Ausländerfeindlichkeit/Bedrohung der Schöpfung), die aufgegriffen werden sollten? Soll eine biblische Person mit ihrem Leben, Wirken und ihrer Botschaft vorgestellt werden? Welche Themen/Texte sind momentan auszuklammern, weil sie schon einmal verwendet wurden? Ist der Inhalt des Kinderkirchentags selbst zu schreiben, oder kann auf eine Vorlage zurückgegriffen werden?

Diese Fragen sollte ein kleiner Kreis von Leuten beantworten und dann die endgültige Themenfestlegung vornehmen. Möglicherweise verfaßt dann dieser Kreis auch das Textbuch des Kinderkirchentags. Vorstellbar ist, daß nach der Themen-/Textfestlegung und der Klärung der Inhalte jemand beauftragt wird, das Textbuch zu verfassen. Eine dritte Möglichkeit zur Erstellung des Textbuches ist die, daß während der ersten Proben die spontan gesprochenen Texte aufgezeichnet und zu einem Ganzen zusammengefügt werden. Das bedeutet aber ein hohes Maß an Erfahrung und vor allem eine intensive Einstimmung der Sprecher/Spieler. Mitarbeiterinnen und Mitarbeiter, die zum ersten Mal dabei sind, können sich dabei sehr unter Druck gesetzt fühlen und »stumm« werden. Sie tun sich erfahrungsgemäß leichter, wenn schon Textentwürfe vorliegen, in die sie dann ihre Beiträge und Anregungen zur Gestaltung des Kinderkirchentags einbringen können.

Letzten Endes aber muß es jemanden geben, der die Textfassung abschließend festlegt, bei der es dann nur noch geringfügige Änderungen geben kann. Ansonsten besteht die Gefahr der Verzettelung. Der Kinderkirchentag und das dazugehörige Textbuch sollen sowohl in den einzelnen Szenen als auch vom Gesamtablauf her ein in sich stimmiges Ganzes sein, das den geltenden Vorstellungen von Handlungsabläufen, Dramaturgie und Klarheit der Botschaft entspricht.

Sichergestellt muß sein, daß das Textbuch etwa vier bis fünf Monate vor dem Kinderkirchentag fertig ist und an die Band (falls diese nicht ohnehin von Anfang an dabei ist) zur Lied- und Musikauswahl gegeben werden kann. Auch die Spielerinnen und Spieler sind dankbar, wenn sie sich intensiv auf ihre Rollen und Aufgaben vorbereiten können.

Das Kinderkirchentagsteam

Für die Vorbereitung und Durchführung eines Kinderkirchentags braucht es das Engagement vieler Mitarbeiterinnen und Mitarbeiter. Die Aufgaben sind vielfältig und in ihrer Menge von einer kleinen Schar kaum zu schaffen. Bei einem großen/größeren Kinderkirchentagsteam verteilen sich die Lasten auf viele Schultern. Für jeden einzelnen sind seine Aufgaben überschaubar und bleiben damit bewältigbar.

Ein Kinderkirchentagsteam setzt sich aus zwei Gruppen zusammen. Da gibt es einmal den Leitungskreis, der auch nach außen hin die Verantwortung trägt (z.B. bei Finanzen, Kontakten, Hausrecht bei der Veranstaltung etc.) und als Ansprechpartner gilt.

Dazu kommt das weitere Team: Mitarbeiterinnen und Mitarbeiter aus der Kindergottesdienstarbeit, Jungschar- und Jugendarbeit, Krabbelgottesdienst, Mutter-Kind-Gruppen, Schule und anderen Bereichen ehren- und hauptamtlicher Tätigkeit.

Bereits vor den ersten Planungen für den Kinderkirchentag muß sich ein kleiner Kreis von Mitarbeiterinnen und Mitarbeitern finden, die den Kinderkirchentag veranstalten wollen. Diese könnten dann den Leitungskreis bilden. Sobald Zeit und Ort des Kinderkirchentags feststehen, muß mit der Suche nach Mitarbeiterinnen und Mitarbeitern und deren Einladung begonnen werden. Etwa ein Jahr bis zehn Monate vor dem Kinderkirchentag braucht es eine intensive Werbung zur Mitarbeit, wenn noch nicht genügend Leute dafür gefunden sind.

Wo es möglich ist, sollten aus dem Gesamtteam heraus separate Teams für bestimmte Bereiche eingesetzt werden, z.B. für die weitere thematische/inhaltliche Arbeit, für die Organisation, für die Spielstraße (falls angeboten), für die Verpflegung, für Ordnungsdienste etc. Bei den gemeinsamen Treffen stellen die separaten Teams ihre Ergebnisse vor, so daß alle auf demselben Informationsniveau sind. Für alle Teamgruppen muß ständig ein Verantwortlicher aus dem Leitungskreis ansprechbar sein, der auch eventuell schnell nötige Entscheidungen, die auch die finanziellen Bedingungen umfassen, treffen kann.

Das Kinderkirchentagsteam sollte sich anfänglich alle vier bis sechs Wochen treffen, etwa fünf Monate vor dem Kinderkirchentag im vierwöchigen Rhythmus. Je nach vorhandener Erfahrung und feststellbaren Ergebnissen der Vorbereitung häufiger oder weniger oft.

Bildet sich ein Team völlig neu, muß von Anfang an mehr Vorbereitungszeit eingeplant werden. Die Erfahrung hat gezeigt, daß zu knappe Planungszeiten dann eine große (zu große) Belastung für das Team darstellen und sich vermeidbare Pannen oder Fehlplanungen einschleichen, die wiederum die Freude am Kinderkirchentag schmälern.

Als sehr positiv hat sich etwa ein halbes Jahr vor dem Kinderkirchentag ein gemeinsames Planungswochenende erwiesen. Zu dem Zeitpunkt sind die ersten Vorbereitungen bereits getroffen und Ergebnisse vorstellbar. Das Textheft ist fast fertig, und mit den Proben für das Spiel kann begonnen werden. Eine Auswahl von Liedern ist festgelegt, die gemeinsam angesungen, weiter ausgesucht und gelernt werden können. Ein solches Wochenende fördert den Teamgeist sehr und damit auch die Planungen für den Kinderkirchentag.

Für viele Mitarbeiterinnen und Mitarbeiter wird eine gemeinsame Verantwortung für die Gestaltung des kirchlichen Lebens in kaum mehr zu steigernder Weise spürbar. Viele fühlen sich sonst ja mehr wie Einzelkämpfer oder von »Platzhirschen« zurückgedrängt. Haupt- und Ehrenamtliche finden in der Verantwortung für ein gemeinsames Projekt zu einem Team zusammen. Davon profitieren alle. Insbesondere den Hauptamtlichen sei der Wille zu einer gleichberechtigten Partnerschaft ans Herz gelegt. Ehrenamtliche sind keinesfalls nur die »Kofferträger« eines Teams. Ein lebendiges, gut harmonierendes Team ist auch für kirchliche Mitarbeiterinnen und Mitarbeiter eine bereichernde Erfahrung.

Selbstverständlich sollte es sein, sich beim gesamten Team nach dem Kinderkirchentag für alle Anstrengungen zu bedanken, mit Worten und mit einem kleinen Geschenk oder indem zu einem Nachtreffen mit einem gemeinsamen Essen eingeladen wird. Das hält die guten Erinnerungen wach und weckt vielleicht Lust, das nächste Mal wieder mitzuarbeiten. Ein weiterer Ansporn dazu könnte auch ein Dankeschön in Form einer Videodokumentation vom Kinderkirchentag sein, auf der alle Mitwirkenden zu sehen sind, nicht nur die Band und die Spieler auf der Bühne.

Die Aufstellung eines Finanzplanes

Ein Kinderkirchentag kostet Geld. Ausgaben für die Vorbereitungstreffen des Teams, für Raumkosten, Versicherungen, Verpflegung, Ausstattung, Materialien, Band, Liedhefte/-blätter, Verteilmaterialien usw. müssen bezahlt werden. Zur ordentlichen Organisation gehört deshalb auch ein Finanzplan, in dem die Ausgaben und Einnahmen/Zuschüsse erfaßt werden. Nach der Veranstaltung sollte es möglich sein, exakte Angaben über den Fluß der Gelder machen zu können. Nichts ist ärgerlicher als hinterher der Streit ums Geld. Klare Absprachen und verbindliche Zusagen für Gelder sollten deshalb von Anfang an getroffen werden.

Ebenso muß geklärt werden, wer die Kasse führt und die Abrechnung abzeichnet. Ungut ist der Zugriff von vielen Mitgliedern aus dem Team, weil sich da leicht Unstimmigkeiten einschleichen können, die hinterher nicht mehr bereinigt werden können.

Die Summe der Ausgaben wird zuerst einmal anhand der Einzelposten vorab ermittelt. Dabei wird es sich bei manchen Ausgaben nur um Schätzungen handeln, bei anderen gibt es von Anfang an feste Größen (Mietverträge, Band, Verpflegungssatz pro Person, Versicherungen etc.). Ratsam ist es, mit der Zusammenstellung der Ausgaben einige Zeit vor dem Kinderkirchentag fertig zu sein und dadurch auch eine Kontrollmöglichkeit zu haben, falls größere Ausgabenbereiche nicht erfaßt sind. Zur Absicherung ist auf alle Fälle ein Posten »Sonstige Ausgaben« mit etwa 10 Prozent des Gesamtvolumens der Ausgaben einzubringen.

Ausgaben müssen gedeckt sein. Meist gibt es eine Mischfinanzierung mit Beiträgen der Gemeinden, des Dekanats, des Kirchenkreises, Zuschüsse vom Jugendwerk oder aus der Jugendarbeit der Kommune, Sponsorenbeiträge durch Geld oder Nachlässe bei Preisen und die Teilnehmerbeiträge. Bei letzteren ist es besser, von einer niedrigeren Kalkulation auszugehen, das schafft zusätzlichen Freiraum bei Mehreinnahmen. Die Höhe der Teilnehmerbeiträge sollte ebenfalls nicht zu hoch angesetzt werden. Je nach Veranstaltungsart (ganztags/halbtags/mit oder ohne Verpflegung) ist ein Rahmen bis etwa 10 DM/Person vertretbar, die per Überweisung in Verbindung mit der Anmeldung oder an einer Tageskasse bezahlt werden.

Gut ist es, wenn von Anfang an eine Barkasse eingerichtet wird, aus der kleinere Beträge (gegen Quittungsvorlage) erstattet werden. Größere Beträge sind ohnehin unbar zu bewegen. Nach Abschluß des Kinderkirchentags (ein Nachtreffen zur Auswertung gehört dazu) wird die Abrechnung erstellt. Defizite sind aufzufüllen, Überschüsse entweder als Rücklage für den nächsten Kinderkirchentag anzulegen oder in den entsprechenden Haushalt einzubringen. Möglicherweise wird der Überschuß auch zur Kinderkirchentagskollekte (falls erhoben) dazugelegt und einem guten Zweck zugeführt.

Das Verkündigungsspiel/Bühnenspiel

Der Kinderkirchentag lebt von der ihm eigenen Atmosphäre. Diese wird auch geprägt von der meist anders gestalteten Form der Verkündigung, dem Verkündigungsspiel. Ob als Pantomime mit oder ohne Erzähler, als Folge von Standbildern, als Spielstück, bei dem größere Textpassagen von Sprechern übernommen werden, oder als Bühnenspiel, bei dem ein Erzähler höchstens die Rahmendaten des Spiels und einige Überleitungen zwischen den Szenen spricht, alle diese Darbietungsformen unterscheiden sich zumindest vom Umfang und Aufwand her von den Verkündigungsformen, die Kinder und Erwachsene sonst erleben.

Somit ist die Erwartungshaltung an ein »schönes« Bühnenspiel groß. Sie kann mit einem guten Text-/Drehbuch und einer dem Spielkönnen der Beteiligten angemessenen Probanzahl erfüllt werden. Dazu brauchen die Mitspieler eine exakte Vorstellung davon, welche Person mit welchen Handlungen sie übernehmen, welchen Charakter und welche Absichten diese Person hat, welche Spielanteile (Haupt-/Nebenrolle) sie hat und wie sich das alles zu den anderen Personen auf der Bühne verhält. Die Mühe und Zeit an Einstimmung, die hier investiert wird, lohnt sich auf jeden Fall für alle, für das Kinderkirchentagsteam und die Besucher. Zusammenhänge, Spielebenen, Handlungsabläufe und die Botschaft des Kinderkirchentags werden klar erkennbar und können mit viel Spielfreude vermittelt werden. Sie werden dann ihren Beitrag leisten zur Entstehung der besonderen Kinderkirchentagsatmosphäre. Auf beifallsheischende Gags kann getrost verzichtet werden.

Je nach Können und Spielerfahrung der einzelnen Mitarbeiter und des Spielleiters ist eine Probenzeit von etwa fünf Monaten oder mehr (bei Ferienunterbrechungen) anzusetzen mit anfänglich einem Probenabend/-nachmittag pro Monat und einer allmählichen Steigerung der Proben auf etwa alle vierzehn Tage und einer Hauptprobe unmittelbar vor dem Kinderkirchentag. Selbstverständlich sollte sein, daß die Band zumindest an drei bis vier Proben vor dem Kinderkirchentag voll dabei ist, um die musikalischen

Übergänge von Szene zu Szene oder Szene zu Lied oder Aktion proben zu können. Gerade an diesen scheinbar unwichtigen Stellen zeigt sich die Sorgfalt bei der Gestaltung des Kinderkirchentags. Brüche, die hier entstehen, können erfahrungsgemäß mit dem Spiel kaum mehr ausgeglichen werden.

An dieser Stelle ist der Hinweis angebracht, daß bei der Erstellung des Musikprogramms und eines Liedblattes/Liedheftes die Bestimmungen der Verträge mit der GEMA (Pauschalvertrag zwischen GEMA und EKD über die Wiedergabe von Musikwerken bei Kirchenkonzerten und Veranstaltungen) und der Verwertungsgesellschaft MUSIKEDITION (Gesamtvertrag zwischen der Verwertungsgesellschaft MUSIKEDITION und der EKD über das Fotokopieren von Noten und Liedern) zu beachten sind oder mit den Inhabern der Text- und Musikrechte entsprechende Veröffentlichungsvereinbarungen getroffen werden, insbesondere dann, wenn ein Unkostenbeitrag erhoben wird. Die Vertragstexte finden sich in den landeskirchlichen Rechtssammlungen.

Schön ist es, ein besonderes Bühnenbild für den Kinderkirchentag zu gestalten. Zum einen macht dessen Herstellung Spaß, und zum anderen entdeckt man da manch verborgenes Talent an Kreativität und handwerklicher Geschicklichkeit. Das Bühnenbild gibt den Zuschauern einen ganz anderen Eindruck vom Geschehen. Sie sind gleich mitten drin, Hintergründe und Spielorte sind auf den ersten Blick erkennbar, manches muß nicht mit Worten erklärt werden. Das Bühnenbild rundet das gesamte Verkündigungsspiel ab, weil es in einem geschlossenen Rahmen stattfindet und somit auch die Konzentration der Zuschauenden auf das Eigentliche, die Botschaft, bündelt. Ablenkungen durch Materiallager hinter der Bühne, hin- und hergehende Mitarbeiterinnen und Mitarbeiter, sonstige technische Ausstattungen etc. werden vermieden. Falls es vom Text/Thema her möglich ist und der Kinderkirchentag in einer Kirche stattfindet, ist natürlich deren Ausstattung (Altar/Taufstein/Kanzel etc.) einzubeziehen.

Anregungen zur Gestaltung eines Bühnenbildes

a) Auf hellem Stoff läßt sich ganz einfach mit Stoffmalfarben, Batikfarben o. ä. ein wirkungsvolles Bild malen. Das Verfließen der Farben wird durch vorher mit Wachs gezogenen Umrißlinien vermieden. Das aufwendige Bügeln zum Fixieren der Farben ist meist nicht nötig, da das Bühnenbild ja nicht gewaschen wird. Stoffe erhält man als Restposten direkt von Stoffabriken, Webereien oder im Schlußverkauf des Handels. Die Stoffbahnen werden je nach erforderlicher Größe zusammengenäht und oben mit Schlaufen zum Aufhängen versehen. Mehrere Bühnenbilder lassen

sich an Spannseilen wie Vorhänge auf- und zuziehen oder an Stangen befestigt hintereinander auf- und ablassen.
b) Aus bemalten Kartons kann man sowohl ein einzelnes Bühnenbild aufbauen als auch ein Wechselbild. Da der Karton sechs Seiten hat, lassen sich sechs verschiedene Bühnenbilder herstellen, die durch Drehen der Kartons jeweils neu entstehen.
c) Weitere Requisiten aus Styropor, Holz, Pappe o.ä. vervollständigen das Bühnenbild. Bei deren Größe ist darauf zu achten, daß sie auf jeden Fall auch von den äußersten Sitzplätzen aus gut erkennbar sind.

Zu bedenken ist schon bei der Erstellung der Hintergrundbilder, ob diese nicht so gestaltet werden können (Aussehen/Technik), daß sie nicht nur einmal zum Einsatz kommen können. Das spart auf Dauer Kosten und Kräfte und ist dort besonders anzuraten, wo in regelmäßigen Abständen Kinderkirchentage angeboten werden oder innerhalb einer Landeskirche mehrmals zum gleichen Kinderkirchentag eingeladen wird. Rechtzeitig ist dann aber auch das Problem der Lagerung von Bühnenbild und Requisiten abzuklären.

Wenn möglich, sollte die Bühnenausstattung von einem separaten Team »Bühne« übernommen werden – in enger Absprache mit dem Spielleiter. Einen Zeitraum von drei Monaten vorzusehen ist sehr zweckdienlich, damit Zeit ist, Details zu gestalten und eventuell knifflige Aufgaben ohne einen immensen Kostenaufwand zu lösen. Das geht fast immer, wenn die Bastler, Maler, Tüftler des Einzelteams Zeit haben für ihre Aufgaben. Insgesamt muß sehr darauf geachtet werden, daß das Bühnenbild nicht in seiner Gestaltung und Ausstattung überfrachtet wird. Es ist nur anfangs lustig zuzusehen, wie die Spieler sich ihren Weg durch zuviele Requisiten suchen müssen oder der Blick aufs Spiel eingeschränkt wird.

Für die Kostüme kann nach den erstellten Vorgaben jeder Mitspieler erst einmal selber Sorge tragen. Auch da bringen genügend Zeit und die entsprechende Ermutigung oftmals erstaunliche Ergebnisse. Die Beratung durch einen Schneider oder eine Schneiderin kann weitere Anregungen bringen.

Auf einfache Art lassen sich schöne Kostüme aus farbigem Stoff herstellen: zwei gerade Stoffbahnen an drei Seiten zusammennähen und dabei Armlöcher und Halsausschnitt aussparen. Ein Strick oder eine Kordel dienen als Gürtel, als Schuhwerk eignen sich Sandalen. Schulter- oder Kopftücher runden das Kostüm ab. Falls nur heller, einfarbiger Stoff zu bekommen ist, können die Stoffe so, wie sie benötigt werden, eingefärbt werden.

Grundsätzlich sollte bei der Ausstattung das Prinzip der Einfachheit und Schlichtheit leitend sein und nur der wirklich notwendige Aufwand betrieben werden. Mit der Perfektion und Superausstattung von Profibühnen oder

Fernsehen kann und soll der Kinderkirchentag nicht konkurrieren. Auch das trägt zu der besonderen Atmosphäre bei und trägt den Reiz des Spontanen und Unmittelbaren, der dem Kinderkirchentag besser ansteht als eine glitzernde Perfektionsillusion.

Vor der Aufführung sollte soviel Zeit sein, daß die Spielergruppe Zeit hat, sich durch die schon bei den Proben geübte Art auf das Spiel einzustimmen: durch geistliche Übungen (Meditation/Gebet) oder durch Konzentrations- und/oder Bewegungsübungen.

Der Veranstaltungsort

Rechtzeitig muß die Ausgestaltung des Veranstaltungsortes (Zelt/Halle/Saal) bedacht werden. Wo soll die Bühne aufgebaut werden? Wo hat die Band ihren Platz? Wo hält sich das Kinderkirchentagsteam auf? Wo werden die Materialien aufbewahrt? Wo findet die Versorgung mit Essen und Getränken statt? Wo haben Rotes Kreuz o. ä. ihren Standplatz? Welche Ein- und Ausgänge gibt es? Welche werden als Durchgänge gekennzeichnet, welche als Notausgänge? Welche Wege zu den Toiletten sind freizuhalten? Welche Möglichkeiten bietet der Raum an Technika (Bühne/Anschlüsse/Tonanlage/Lichtanlage/Sitzgelegenheiten etc.)? Je nach Ort werden noch weitere Fragen abzuklären sein. Hilfreich ist es, sich einen Plan mit den genauen Positionen der jeweiligen Einrichtungen anzufertigen und dabei überall etwas Spielraum dazuzugeben. Unbedingt wichtig ist eine exakte Ausschilderung der Wege (Ausgänge/Eingänge/Notausgänge/Weg zu den Toiletten). Das spart später viel Ärger und Aufregung.

Auch ein Sitzplan sollte vorhanden sein, zumindest aber müssen die Sitzbereiche klar ausgewiesen und für die Kinder wiedererkennbar (Symbole/Farben) sein. Eine schöne Sitzorganisation hat sich ergeben mit der Bildung von Kleinsitzgruppen, sogenannten Oasen. Etwa 20 bis max. 30 Kinder in einer Oase schaffen für die Kinder auch im größten Raum überschaubare Räume und ermöglichen ein besseres Kennenlernen und Vertrautwerden untereinander.

Ohne Schwierigkeiten gestaltet sich die Organisation von Materialien für diese Gruppen (Liedblätter/Stifte/Aktionsblatt/Spielmaterial/Flaschenöffner etc.). In speziellen Materialkartons sind die Utensilien bereitzustellen und auch schon in die Oase zu stellen, bevor alle da sind. Das schafft Entlastung für die Zeit des Ankommens und während des Kinderkirchentags selbst.

Die Ordnungsdienste

Zur reibungslosen Durchführung des Kinderkirchentags sind nicht nur Spiel und Musik wichtig, sondern auch Ordnungsdienste: Mitarbeiterinnen und Mitarbeiter, die die Besucher empfangen, sie zur Tageskasse führen, zu den Plätzen begleiten, Fragen beantworten, Hinweise zu den Toiletten geben, bei der Aktion mithelfen können, bei der Versorgung der Besucher mit Essen und Getränken zur Hand gehen und auch die Reste und leeren Flaschen einsammeln und vieles mehr...

Diese Mitarbeiterinnen und Mitarbeiter brauchen exakte Arbeitsan- und -einweisungen, sollte das Aufgabengebiet nicht von selbst klar erkenntlich sein. Ein Vortreffen etwa einen Monat zuvor und ein weiteres Treffen entweder am Tag vor dem Kinderkirchentag oder am Tag selbst (rechtzeitig vor Beginn des Kinderkirchentags) müßten genügen, um alle anstehenden Fragen beantworten und Absprachen treffen zu können.

Bei Polizei und Feuerwehr ist die Veranstaltung rechtzeitig anzumelden und sich in die erforderlichen Notfallmaßnahmen einweisen zu lassen, wenn nicht während des Kinderkirchentags die direkte Präsenz gegeben ist. Unumgänglich ist der Einsatz des Roten Kreuzes oder ähnlicher Einrichtungen. Die Stärke der Einsatzgruppe ist von der Größe des Kinderkirchentags abhängig. Raumanforderungen für diese Helfer sind einzuplanen.

Selbstverständlich sollte auch sein, daß alle weiteren Maßnahmen zur Unfallverhütung getroffen werden und daß auch für die Mitarbeiterinnen und Mitarbeiter die versicherungsrechtlichen Belange (Haftpflicht, Kurzzeitversicherung für PKW, Musikanlage etc.) geklärt sind.

Bewahrung der Schöpfung

Eigentlich müßte die Überschrift alleine genügen, um diesen Aspekt ins Bewußtsein zu rufen und auch bei der Planung eines Kinderkirchentags nicht zu vergessen. Umweltschutz beim Kinderkirchentag erschöpft sich nicht nur in der Verwendung von Mehrwegflaschen bei den Getränken. Mehrweggeschirr mit dem dazugehörigen Spülmobil zu organisieren ist heutzutage kein Problem mehr. Weitere Möglichkeiten liegen in der Wahl der Materialien für die Ausstattung des Veranstaltungsortes, in der Beschränkung der Papierflut bei der Vorbereitung und Durchführung des Kinderkirchentags und bei der Auswahl eines Geschenkes an die Besucher.

Hilfreich ist auch eine sorgfältige Planung von Anfahrtsrouten und Fahrtabsprachen für Sonderbusse, damit möglichst viele Einzelfahrten entfallen können. Die Anreise mit öffentlichen Verkehrsmitteln ist zumindest im städtischen Bereich allemal vorzuziehen, durch Begrenzung des Parkraumes möglicherweise auch vorzugeben.

Und nun viel Spaß und Erfolg bei der Vorbereitung und Durchführung des nächsten Kinderkirchentags.

Johannes Blohm/Ulrike Sippel, Nürnberg

»Ob Josua es schafft, das Volk ins gelobte Land zu führen?«
Szene aus: Josua – mit Gottes Segen auf unbekannten Wegen, KKT 1991

Checkliste

Zur Vorbereitung und Gestaltung

Die folgende Auflistung stellt einen Verlaufsplan (Checkliste) zur Organisation und inhaltlichen Vorbereitung vor. Die Folge ist chronologisch geordnet. Je nach den regionalen Bedingungen können sich Verschiebungen ergeben, die an der grundsätzlichen Struktur jedoch nichts ändern.

1. Rahmenbedingungen abklären
   (Vorlauf: ca. 1 bis max. 2 Jahre)

- Wer ist der Veranstalter/ wer sind die Verantwortlichen?
- Wer hat die Gesamtleitung/ -verantwortung?
- eigenständige oder angegliederte Veranstaltung?
- ganz- oder halbtägige Veranstaltung?
- Einzugsgebiet?
- Größe der Veranstaltung?
- Ort, Raum und Zeit der Veranstaltung?

Die entsprechenden Vereinbarungen zur Belegung des Veranstaltungsortes treffen und über die bisherigen Festlegungen alle Beteiligten und betroffenen Institutionen umgehend informieren. Bei längerem Vorlauf diese Informationen nach etwa einem halben Jahr nochmals einbringen.

2. Themenfindung und inhaltliche Gestaltung
   (Vorlauf: ca. 1 Jahr)

- Auswahl des Themas/Textes
- erste Ideen dazu entwickeln und sammeln
- mögliche Gestaltungskonzepte vorstellen
- endgültiges Thema und Gestaltungskonzept festlegen

- Band suchen und anfragen
- erste Ansätze zum Finanzplan vornehmen.

Die getroffenen Entscheidungen und Vereinbarungen schriftlich festhalten und alle Betroffenen darüber informieren.

3. Mitarbeiterinnen/Mitarbeiter gewinnen
   (Vorlauf: 1 Jahr/9 Monate)

- Bildung des Leitungsteams
- schriftliche und mündliche Einladung zur Mitarbeit
- erstes gemeinsames Vorbereitungs-/Informationstreffen
- Vorstellung des bisherigen Planungsstandes
- Organisationsfelder benennen, Mitarbeit abklären und Verantwortungsbereiche festlegen:

a) Verkündigungsspiel

- Thema/Texte endgültig abklären und festlegen
- Drehbuch erstellen/erstellen lassen
- Rollen und Besetzung festlegen (Hauptrollen möglichst doppelt besetzen zur Sicherheit im Krankheitsfalle)
- Probentermine vereinbaren (nicht zu spät oder zu knapp vor der Veranstaltung)
- Absprachen mit der Band treffen
- gemeinsame Proben/Einzelproben mit/ohne Band
- Bewegungsplan für Bühnenausnutzung erarbeiten (Vordergrund/Hintergrund/Randbereiche)
- kreative Aktionen/Gesprächsgruppen/Fest mit Kindern planen
- Kostümausstattung abklären und besorgen
- Bühnenausstattung absprechen
- nach dem Spiel gemeinsames Nachgespräch in der Spielergruppe

b) Spiel- und Bühnenausstattung

- Vorstellungen der Spielergruppe abklären, Notwendigkeiten seitens des Drehbuches feststellen
- Hintergrund/Bühnenbild erstellen
- Bühnenausstattung/Requisiten besorgen
- Licht- und Tonanlage (mit Band absprechen)
- Sicherung der Bühne und der Aufgangsbereiche
- Einsichtmöglichkeiten aus den Sitzbereichen auf die Bühne abchecken

c) Organisation der übrigen Veranstaltungen

- Versicherungen abklären (Haftpflicht, Unfall, Material, PKW)
- nötige Absprachen und Klärungen mit Polizei, Feuerwehr oder Rotes Kreuz o. ä. treffen, Standorte abklären, Auflagen erfragen
- Anmeldungen bearbeiten
- Belegungsplan für Veranstaltungsort erstellen (Bühne/Sitzbereiche/ Ein- und Ausgänge/Notwege/ Anschlüsse für Licht und Ton/ Ankunftsbereich/Kasse etc.)

- evtl. Organisation von Anfahrtsrouten/Parkplätze für Busse und PKW, Anfahrtsplan mit öffentlichem Nahverkehr, Verkehrslotsen
- Dekoration des Veranstaltungsortes/Bestuhlung
- Ausschilderung zum und am Veranstaltungsort (Sammelstellen/Eingänge/ Kasse/Sitzbereiche/Toiletten)
- zentrale Auskunfts-/Anlaufstelle einrichten
- Kirchen-/Kinderkirchentagsfahnen organisieren
- evtl. Hallen-/Zeltwache einteilen
- Auszug der Besucher nach der Veranstaltung planen
- Verpflegung besorgen
- Materialien für Aktionen/Gesprächsgruppen etc. erfragen und besorgen
- Spielstraße/Spielbereiche einteilen und vorbereiten (Materialien/Spiele/Mitarbeiter)
- Nachtreffen aller Mitarbeiterinnen und Mitarbeiter mit Dankeschön (Essen/Geschenk) organisieren
- Abrechnung der Veranstaltung

d) Öffentlichkeitsarbeit
- Informationstexte an
  - Presse (lokal/regional/überregional/epd/kirchl. Blätter)
  - Rundfunk/Fernsehen
  - Pfarrämter/Gemeinden
  - Dekanate/Superintendenturen/Ämter/Verbände
  - Stadtverwaltungen/Kommunen
  - Plakate/Einladungen entwerfen, erstellen und verteilen
- Programme/Liedblätter erstellen
- persönliche Informationen in Pfarrkonferenzen/Konventen/Mitarbeitertreffen/Verbänden geben, Nachfragen beantworten
- Redakteure zu Proben einladen
- evtl. Pressekonferenz geben
- Redakteure bei Veranstaltung begleiten
- Auswertungsinformationen zusammenstellen und weitergeben
- abschließende Pressenotiz erstellen

Auch hier sind alle Vereinbarungen schriftlich festzuhalten und an alle Beteiligten zu geben.

4. Vorbereitungsarbeit in den einzelnen Bereichen
   (Vorlauf: bis etwa 1 Monat vor Veranstaltung)

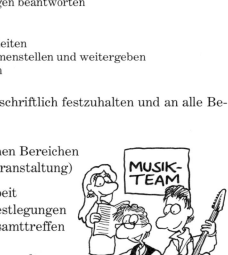

- Einzelteams organisieren ihre Arbeit
- Einzelteams treffen die nötigen Festlegungen
- in dieser Zeit mindestens zwei Gesamttreffen zum Informationsaustausch
- evtl. dafür ein gemeinsames Wochenende planen

5. Durchführung der Veranstaltung

- Vorbereitung des Veranstaltungsortes (Dekoration/ Ausschilderung/Bühne/Licht und Ton/Bestuhlung/ Materialdepots/Ausgabestellen für Verpflegung etc.)
- Gemeinsame Einstimmung aller Mitarbeiterinnen und Mitarbeiter auf die Veranstaltung (nach dem Aufbau)
- vorgesehene Standorte einnehmen (insbesondere Ordnungsdienst)
- Veranstaltung durchführen
- danach aufräumen oder vorbereiten für zweiten Durchgang
- gemeinsames Gespräch (Manöverkritik) im Anschluß daran
- Vereinbarung für ein ausführliches Nachtreffen (Essen/Geschenk)
- Einladung zum Mitmachen beim nächsten Kinderkirchentag aussprechen.

Johannes Blohm, Nürnberg

Die Bibel – ins Spiel gebracht
Zur Gestaltung der Verkündigung mit Spiel und Pantomime

Warum biblisches Spiel als Verkündigungsform?

In unseren Gottesdiensten nimmt die Wort-Verkündigung eine zentrale Stellung ein. Die biblische Botschaft wird fast ausschließlich in verbalisierter Form weitergegeben. Man denke nur an die Schriftlesungen, die Predigt oder die Erzählungen im Kindergottesdienst. Die Sprache bildet also in der Kirche die häufigste Kommunikationsform.

Eine solche Eingrenzung der biblischen Verkündigung auf ein rein sprachliches Ereignis, sei es nun im Gottesdienst oder in anderen Verkündigungsformen, ist der biblischen Botschaft mit ihrer gesamten Vielfalt nicht angemessen, sondern verkürzt sie.

Deswegen ist es gut, andersartige Kommunikationsformen wie Spiel, Körpersprache, Pantomime, Tanz oder Theater einzubringen, damit das Evangelium auf vielfältige Art und Weise die Menschen erreicht. So werden die GottesdienstteilnehmerInnen nicht nur zu stummen ZuhörerInnen, sondern sie werden in das biblische Geschehen mit hineingenommen. Eine Identifikation mit den Personen der Bibel gelingt leichter. Die Geschichten werden für die Mitspielenden und für die Zuschauenden hautnah erlebbar und erfahrbar. Spielend erleben sie mit, was ihnen zunächst fremd ist, im Verlauf des Geschehens aber zur eigenen Geschichte wird.

Aus diesen Gründen wird verständlich, warum wir bei den Kinderkirchentagen ein besonderes Gewicht auf das biblische Spiel als Verkündigungsform gelegt haben.

Spiel – Was ist das?

- Spiel ist das, was diese Welt und das Leben in ihr in Bewegung hält, sie vor dem Absterben und Erstarren bewahrt;
- Spiel ist das, was Möglichkeiten schafft, Elemente zu verbinden, und dadurch Neues entstehen läßt;
- Spiel hat seine eigenen Gesetzmäßigkeiten: Es hebt die äußere Zeit auf und gibt eine eigene vor, hat Regeln, die veränderbar sind, aber für das Spiel absolut Geltung besitzen;
- Spiel birgt die Möglichkeit zum veränderten Umgang mit der Wirklichkeit;
- Spiel steht nicht im Gegensatz zur Wirklichkeit, sondern durchdringt sie.

Diese Überlegungen sind deshalb wichtig, damit das Spiel nicht mit dem Spielen verwechselt wird. Denn diese Verwechslung führt dazu, daß das Spiel nichts in Bewegung setzen kann, weil es nur als Freizeitbeschäftigung von Kindern und Erwachsenen gesehen wird, die mit dem wirklichen Leben nichts zu tun hat.

Pantomime – Was ist das?

Pantomime ist – so sagen es Kinder – »Spielen mit Gegenständen aus Luft«. Pantomime muß nicht absolut stumm sein. Es kann durchaus sinnvoll sein, die »sprachlose Sprache« um einige Töne, Worte oder Requisiten zu »bereichern«.

Pantomimische Darstellungen tragen dazu bei, daß das Bewußtsein und die Vorstellungskraft gestärkt werden. Gerade das Spiel mit unsichtbaren Gegenständen regt die Phantasie an und trainiert sie.

Pantomimisches Spiel hilft Kindern, Einflüsse bewußter aufzunehmen und sich an sie zurückzuerinnern. Es schult und fördert die Konzentrationsfähigkeit, die Beobachtungsgabe und die Phantasie.

»Pantomime bzw. Körpertheater, das einfühlende Schaffen einer Figur bzw. einer Person mittels Körperhaltung, Bewegungsschwerpunkt und Emotion, die dann auch den Klang der Stimme, den Blick und die Gangart beeinflussen, ohne daß man sich *bewußt verstellt*, stellt an den Spieler oder die Spielerin die Forderung:

»Nicht du tust etwas, sondern bringe den Körper in eine Lage, dann geschieht es von ganz alleine.«*

Es ist deshalb sinnvoll, bevor mit dem eigentlichen Spiel begonnen wird, sich in die Person, die man darstellen will, zu versetzen. Zum Beispiel: Wie geht ein König, wie ein Bettler, was macht den Unterschied zwischen beiden aus?

Das historische Umfeld, die biblische Zeitgeschichte bilden dabei einen wichtigen Rahmen und verhelfen den Spielern zu einer besseren Rollenidentifikation. Während des gesamten Spiels sollen die SpielerInnen in ihrer Rolle bleiben, auch wenn sie zwischen den Auftritten hinter der Bühne sind; so ist es leichter, die notwendige Konzentration für das gesamte Stück zu behalten.

Einige Spielregeln von Fritz Rohrer**

1. Jede Szene, jedes Stück muß einen Anfang und ein Ende haben.
2. Das, was mitgeteilt werden soll, muß deutlich herausgearbeitet werden.
3. Probieren ist notwendig, damit etwas entstehen kann. Das Erarbeitete einzuüben ist notwendig, damit es anderen gezeigt werden kann. Beides ist oft mühsam und anstrengend.
4. Die Gruppe überlegt zusammen, probiert aus und legt fest. Der Leiter koordiniert diesen Prozeß und gibt Hilfestellungen für die szenische Umsetzung von Ideen.
5. Man muß nicht alles zeigen, was einem eingefallen ist, sondern nur das, was am besten für die Übertragung der Botschaft ist.
6. Ideen sollten nicht diskutiert, sondern ausprobiert werden.
7. Hilfreich ist es,

– gleich mit Gegenständen zu spielen, wenn sie gebraucht werden;
– sehr bald den Spielraum abzugrenzen, in dem das Spiel geschehen soll;
– die Rollen der Spieler oder ihre Funktion deutlich herauszuarbeiten.

---

* Werner Müller, Körpertheater und Commedia dell'Arte. Pfeiffer Verlag, München 1984. S. 13
** Fritz Rohrer. In: U. Britz/P. M. Clotz/R. Hübner/F. Rohrer, Biblische Botschaft erleben. Erfahrungsbezogene Verkündigung in der Gemeindearbeit. E. B. Verlag Rissen, Hamburg 1990. S. 175.

In jede Szene lassen sich überraschende Momente einfügen, die die Spannung und Konzentration der Zuschauer fördern: Kleinigkeiten an Ausstattung oder im Ablauf, die die Zuschauenden so nicht erwartet haben.
8. Alles, was auf der Spielfläche geschieht, hat Bedeutung. Deshalb muß immer gefragt werden:

- Warum nehmen wir Masken/diese Masken?
- Warum nehmen wir Tücher/diese Tücher?
- Warum kommt die Figur/Person aus dem Publikum auf die Bühne und nicht aus dem Bühnenhintergrund?

9. Es gibt einen Zeitpunkt, an dem das Verändern des Erarbeiteten aufhören muß und es nur noch ums Einüben gehen kann.

Zusammenfassend läßt sich sagen, daß beim Kinderkirchentag das biblische Spiel jeder anderen Verkündigungsform, soweit sie überwiegend verbal monologisch gestaltet ist, vorzuziehen ist, weil es in besonderer Weise die Botschaft veranschaulicht und damit den Kindern gute Zugänge zum Verstehen und Annehmen bietet. Damit diese Zugänge möglichst vielfältig gestaltet werden, weil ja auch die Kinder sehr unterschiedlich sind, ist es grundsätzlich wichtig, daß man sich *miteinander* den Text/das Thema erschließt: sowohl in seiner überlieferten Botschaft als auch in seiner Bedeutung für unsere Zeit. So wird mit den kreativen Gaben aller die Bibel ins Spiel gebracht.

Ulrike Sippel, Nürnberg

»... und dann brauchen wir noch 'ne Band!«

Zur Musik bei Kinderkirchentagen

»... und dann brauchen wir noch 'ne Band!« – diese Reaktion kommt zwar regelmäßig beim Thema »Musik auf Kinderkirchentagen«, dabei wird aber selten bedacht oder erkannt, welche Möglichkeiten eine Band bietet.

Die Kinder kommen nach unseren Erfahrungen oft recht verschüchtert in den für sie meist fremden Raum und treffen dort auf viele unbekannte Kinder. Sie klammern sich an ihre Betreuer und verschließen sich.

Eine gut vorbereitete Band kann diese gespannte Atmosphäre auflockern. Lieder mit Schwung und Bewegung machen es den Kindern leichter, sich mit dem Raum bekannt zu machen und auf andere Kinder zuzugehen. Ein gesungenes »Guten Tag, ihr seid willkommen« erreicht sie viel besser als ein schlichtes gesprochenes »Schön, daß ihr da seid«.

Überhaupt können die Kinder während des gesamten Kinderkirchentags durch Musik besser zum Mitmachen motiviert und durch Klatschen und Bewegung in die Gemeinschaft mit anderen Kindern hineingeführt werden.

Musik kann Hemmungen überwinden helfen und begeistern, aber auch beruhigen und Stimmungen unterstützen. Sie kann Bereiche im Menschen ansprechen, die nicht über das gesprochene Wort erreichbar sind, und im positiven Sinne manipulieren. Das heißt, sie kann die Kinder z.B. zur Aktion anregen und neugierig machen, sie kann die Kinder aber auch nach der Aktion wieder zur Ruhe bringen.

Wir haben erlebt, daß die Kinder mit vielen neuen Eindrücken aus den Arbeitsgruppen wieder in das Plenum kommen, sich austauschen wollen und dabei voller Bewegungsdrang sind. »Liebe Kinder, seid jetzt mal ruhig!« – diese Aufforderung wird wahrscheinlich in der allgemeinen Unruhe verlorengehen.

Ein Singe-Block mit mehreren Liedern, die einen Stimmungsbogen zeichnen vom schnellen aufheizenden Mitmachlied hin zu einem besinnlichen Zuhör-Lied, beruhigt Kinder dagegen viel nachhaltiger und öffnet sie für die nachfolgenden Geschehnisse viel müheloser als Worte.

Viele Ansagen, die zur Ruhe und zum Zusammenkommen ermahnen, können unterbleiben, wenn es ein Thema-Lied als Leitmotiv zum Kinderkirchentag gibt, das Inhalte des Kinderkirchentags aufnimmt, die Kinder den ganzen Tag über begleitet, die Kinder nach Gruppenangeboten wieder im Plenum zusammenführt und als eine Art »Fanfare« zu Beginn jeder Plenumsphase gespielt wird.

Mit ihren verschiedenen Wirkungen ist Musik, entsprechend eingesetzt, in der Lage, das Gesamtkonzept eines Kinderkirchentags zu unterstützen. Eine von guter Musik unterstützte Pantomime ist eindrucksvoller als ein stilles Spiel, was eventuell Unruhe bei den Zuschauern auslöst.

Sicher, eine gute Musikdarbietung will sorgfältig vorbereitet sein und verlangt den Musikern bei einem Kinderkirchentag einiges ab. Die Reihenfolge von Liedern kann man nicht ausschließlich am grünen Tisch planen, sondern es gehört ein großes Maß an Flexibilität, gepaart mit dem Spürsinn für das gerade passende Lied, das die Stimmungen und Bedürfnisse der Kinder aufnimmt, dazu. Außerdem wäre es wünschenswert, wenn ein Repertoire abrufbar wäre, aus dem auch spontane Liedwünsche aus dem Publikum erfüllt werden können.

Die Pausen zwischen den einzelnen Liedern sollten möglichst kurz sein, da Kinder schnell unruhig werden, wenn auf der Bühne nichts für sie Sichtbares passiert. Die technische Ausrüstung und deren Bedienung muß gewissen qualitativen Ansprüchen genügen, damit der Text zu verstehen ist und die Musik in angemessener Klangqualität und vor allem angemessener Lautstärke (vielleicht besser: Leise-Stärke) gehört wird – auch noch in der letzten Reihe.

Die Motivation zum Mitmachen ist größer, wenn die Kinder innerhalb der Band in der Sängerin oder dem Sänger eine Bezugsperson finden. Denn sie stehen im Blickpunkt der Zuschauer und können (ohne durch das Spielen eines Instrumentes gehindert zu sein) bei Bewegungsliedern die Bewegungen einüben, Kinder zum Mitmachen motivieren, durch rhythmisches Vorsprechen der Texte auch *den* Kindern das Mitsingen erleichtern, die noch nicht oder erst schlecht lesen können. Wenn Kindern die Musik und deren Präsentation gefällt, dann »kleben« ihre Augen förmlich an den Lippen des Sängers oder der Sängerin.

Da Musik zum Gelingen und Erfolg eines Kinderkirchentags wesentlich beiträgt, sollte sie von Anfang an in das Gesamtkonzept integriert werden. Dazu ist es wichtig, daß wenigstens ein Vertreter der Band möglichst früh in die Vorbereitung mit einbezogen wird. Die Band wird so durch diese Mitwirkung in der Planung Teil des Konzeptes.

Während des Kinderkirchentags muß klar geregelt sein, welcher Verantwortliche Ansprechpartner für die Band ist. Wir haben es erlebt, daß bei einer Veranstaltung drei verschiedene Mitarbeiter drei verschiedene Dinge, die einander widersprachen, von der Band erwarteten und forderten. Eine solche Band muß wohl noch erfunden werden, die gleichzeitig ein Bewegungslied, ein besinnliches Lied und gar kein Lied spielen kann.

Eine grobe Auflistung des Ablaufplans mit Zeitangaben, die aber nicht zwingend eingehalten werden *müssen*, erleichtert den Musikern die Auswahl der Titel für den nächsten Singe-Block.

Wir plädieren dafür, daß aufgrund der Wichtigkeit von Musik auf Kinderkirchentagen *frühzeitig* nach einer Band gesucht wird, die den Anforderungen eines Kinderkirchentags entspricht. Nach unseren Erfahrungen gelingt die musikalische Gestaltung dem Instrumentalkreis der Gemeinde mit möglicherweise angemieteter Anlage eher selten. Man wundert sich dann im nachhinein, warum denn die Stimmung nicht aufkommen wollte, wie wir sie von den großen Kinderkirchentagen mit den professionellen Musikern her kennen.

Die Musiker müssen sich darüber im klaren sein, daß die *Kinder* im Vordergrund stehen und deshalb die Profilierungssucht der Musiker zu Hause bleiben darf. Die Funktion der Band ist in erster Linie die, zusammen mit den Kindern Musik zu erleben. Die kindgerechte Darbietung steht vor der Zurschaustellung der Virtuosität einzelner Musiker.

Wir haben auf Kinderkirchentagen schon phantastische Konzerte gehört, bei denen sich die Kinder relativ schnell gelangweilt und deshalb anderen Beschäftigungsmöglichkeiten zugewendet haben. Schade um die schöne Musik – schade um die eigentlich begeisterungsfähigen Kinder!

Zum Schluß kurz gesagt: Ein Kinderkirchentag, bei dem es aus den verschiedensten Gründen nicht gelingt, Text, Spiel und Aussage »rüberzubringen«, kann mit Hilfe einer *guten* Band erheblich aufgewertet werden, andererseits aber kann auch der beste Kinderkirchentag durch schlechte Musik erheblich beeinträchtigt werden.

Cathrin und Andreas Schley, Thedinghausen

Unsere Kinderkirchentags-Modelle

Eine Gebrauchsanweisung

Für die Darstellung der Modelle wurde ein standardisierter Rahmen gewählt und auf alle regionalen und veranstaltungsspezifischen Aussagen verzichtet. Auch liturgische Elemente und Texte wurden, bis auf wenige Stellen, herausgenommen.

Der Eingangsteil mit dem Angebot eines offenen Singens zum Üben der Lieder, dem Begrüßen der ankommenden Gruppen, technischen und organisatorischen Ansagen, der Hinführung zum Thema und der Vorstellung aller Mitwirkenden und einem Gebet ist mit dem Schema *Eröffnung – Begrüssung – Gebet* benannt. Die Ausarbeitung der einzelnen Teile kann ohne Schwierigkeiten und mit einer weitaus besseren Berücksichtigung des regionalen Bezuges von den Veranstaltern selbst vorgenommen werden.

Das Verkündigungsspiel beginnt dann immer mit einem Lied oder musikalischen Teil.

Die Szenen eines jeden Modells sind betitelt, in den Textteilen ausformuliert und können so übernommen werden. Selbstverständlich liegt es in der Freiheit eines jeden Teams, Änderungen vorzunehmen. Für die vorgestellten Modelle soll keinesfalls so etwas wie eine verpflichtende Konzeptübernahme gelten, sie sind kein »Fast Food«. Sie vermitteln ein Grundkonzept an Gestaltung mit konkreten Umsetzungen und Anregungen für Text und Spiel und sind deswegen eine Art »Steinbruch«.

Der Schluß der Modelle ist ebenfalls standardisiert unter den Stichworten *Sendung – Segen*. Auch hier müssen die Teams auf ihre Veranstaltung bezogen die Kinder verabschieden oder die weitere Tagesgestaltung vorstellen.

Die Lieder sind als Vorschläge zu verstehen, die natürlich auch durch andere Lieder (mit derselben Intention) ersetzt werden können. An manchen Stellen ist auch nur der Hinweis auf ein Lied oder einen Musikbeitrag angebracht, weil sich viele Möglichkeiten ergeben, die von den jeweiligen Verantwortlichen inhaltlich gefüllt werden sollen.

Auf den Abdruck aller Lieder wurde verzichtet, weil die meisten genannten Lieder gut zugänglich sind. Solche Lieder, die schwer zugänglich erschienen, sind abgedruckt. Im Anhang des Buches sind alle Lieder mit den entsprechenden Quellen aufgelistet. Lieder zum Beginn eines Kinderkirchentags, zur Begrüßung der Teilnehmer und zum Anfangen gibt es ebensoviele wie Lieder für den Abschluß. Es sind so viele, daß sie nicht aufgezählt werden können. Außerdem ist an diesen Stellen ein deutlicher regionaler Bezug durch bekanntes Liedgut möglich und nötig.

Auch sind nicht an allen Übergängen von den Spielszenen, Meditationen oder Gruppenarbeiten zum nächsten Lied die Liedansagen ausformuliert. Dies kann ohne weiteres die Band oder der Moderator/Sprecher übernehmen.

Ähnliches gilt für die Gestaltung von Spiel und Bühne. Die Vorgaben sind nicht bis ins letzte hinein ausformuliert, weil sie sich ohne Schwierigkeiten aus der Folge der Szenen und den Sprechtexten ergeben. Gleiches gilt für die Anleitungen zu den Gruppenphasen (Gespräch/Meditation mit Pantomime/Tanz/Oasengestaltung etc.).

Bei manchen Modellen ist es möglich, daß die Anzahl der Mitspielerinnen und Mitspieler durch Doppelbesetzungen entgegen den Angaben auf dem Deckblatt reduziert werden kann. Insbesondere bei Rollen ohne Text gelingt dies problemlos. Bei Sprechrollen muß auf eine mögliche Wiedererkennung der Spieler durch die Kinder geachtet werden. Ausschalten läßt sich dies weitgehend dadurch, daß Spieler, die vorher eine Sprechrolle besetzt hatten, nun eine Rolle ohne Text übernehmen. Grundsätzlich ist es gerade bei den Rollen ohne Text möglich, viele Spielerinnen und Spieler unterzubringen oder bei zu wenigen die Besetzung entsprechend zu strecken.

Bei dieser Veröffentlichung haben wir uns entschieden, keine Modelle von Kinderkirchentagen aufzunehmen, die im Rahmen des Deutschen Evangelischen Kirchentags gestaltet wurden, auch wenn dies von der Aufmachung der Modelle her sehr reizvoll gewesen wäre. Wer an diesen Entwürfen Interesse hat, sollte bei den jeweiligen Landeskirchen, Landesverbänden oder den Veranstaltern nachfragen, ob das Material dafür noch erhältlich ist.

Mit den vorliegenden Modellen ist ein breites Spektrum an Gestaltungsmöglichkeiten angeboten. Es gibt Modelle, die von Anfang an als Ganztagesveranstaltung geplant werden können (Miteinander glauben lernen – Ein Tag mit Abraham und seiner Familie; Auf daß mein Haus voll werde). Es gibt Modelle mit einem sehr unterschiedlichen Bedarf an Sprechrollen und/oder Rollen ohne Text (Sieht auch dich und hat dich lieb; Freunde fürs Leben). Es gibt Modelle, die sehr meditativ geprägt sind (Hand in Hand mit Gott; Komm, komm, zieh mit uns in die Stadt des Lebens) und bei denen ein Sprecher/Moderator die meisten Textpassagen übernimmt. Auch die Bühnenausstattung variiert sehr bei den einzelnen Modellen und kann darüber hinaus in hohem Maße frei gehandhabt werden.

Wie an anderer Stelle schon angedeutet, ist es ohne weiteres möglich, die Modelle auch bei Kinderbibeltagen umzusetzen.

Insgesamt sollen die vorgelegten Modelle dazu ermutigen, Kinderkirchentage und Kinderbibeltage als eine sehr chancenreiche und fruchtbare Form von kirchlicher Arbeit mit Kindern wahrzunehmen und sie in konkrete Angebote umzusetzen.

Johannes Blohm, Nürnberg

Gemeinsam mit anderen Glauben leben und von anderen vom Glauben erfahren, das erleben Kinder heute immer weniger. Sie fragen danach, wie es *geschehen* kann, daß Glaube weitergegeben wird, und welche Rolle sie dabei spielen.

Am Beispiel von Abraham und seiner Familie wird das deutlich gemacht. Mit Isaak, Abrahams Sohn, erleben die Kinder, wie Glaube und die biblische Botschaft von Generation zu Generation weitergetragen wird. Sie nehmen wahr, daß es dabei eine kontinuierliche Folge von Geben und Nehmen gibt und wie sie in diese Folge eingebunden sind.

An Isaak sehen sie, daß nicht nur *er* von seinen Eltern lernt, sondern daß auch seine Eltern von *ihm* lernen. Daß alle ihre Rolle haben auf dem Weg des »Miteinander glauben lernen«.

Rollen: Sprechtexte:
- Moderator
- Isaak
- Abraham
- Sara
- Lot
- Lots Hirte
- Abrahams Hirte

ohne Text:
- weitere Hirten von Lot und Abraham

Material:
- kleine Truhe
- Tonkrug
- Pflugschar, evtl. aus Holz nachgebildet
- Säckchen mit Getreidekörnern
- Zelt/Zelte
- Wassersäcke
- Beduinenkopftücher (für alle)
- Palmen (Holzstab in Ständer o. ä., oben mit Kreuzschlitz, in den grüne Papierwedel als Palmenzweige eingesteckt werden können)

Eröffnung

Begrüßung

Gebet

Lied »Wir feiern heut' ein Fest«

1. Szene: Abraham und seine Familie

Moderator: Wir wollen heute auch Abraham und seine Familie bei uns begrüßen. Ich kann sie noch nirgends sehen. Wo sie nur bleiben? Eigentlich müßten sie längst hier sein.

Musik setzt ein. Abraham, Sara und Isaak, Lot und die Hirten kommen durchs Zelt zur Bühne. Musik ab, wenn alle an der Bühne sind.

Moderator: Wir haben schon auf euch gewartet. Jetzt bin ich aber froh, daß ihr doch noch gekommen seid.

Orientalische Umarmung

Abraham: Ja, endlich haben wir es geschafft. Es war schwierig für uns, hierherzukommen. Unser Weg ist lang gewesen. Wir führen viele Tiere mit uns. Die Hirten haben alle Hände voll zu tun, die Schafe und Ziegen zusammenzuhalten und vorwärts zu treiben. Da kommt meine Frau. Du kennst Sara ja schon.

Moderator: *begrüßt Sara respektvoll.* Sei gegrüßt, Sara.

Abraham: Und das ist Isaak, mein Sohn!

Moderator: Grüß dich Isaak! Ich freue mich, dich kennenzulernen.

Abraham: Ich will dir noch jemand vorstellen, den du nicht kennst. Das ist Lot, mein Neffe.

Moderator: *begrüßt Lot.* Sei uns willkommen, Lot.

Abraham: Wir sind froh, daß Lot mit uns zieht. Ohne seine Hilfe hätten wir es nicht so gut geschafft.

Lots Hirte: *zu Lot gewandt.* Wo sollen wir die Zelte aufstellen?

Lot: Dort unter der Palme ist ein schattiger Platz. Kommt, ich helfe euch.
Lot und die Hirten bauen das Zelt auf.

Abraham: Du siehst, Lot und die Hirten bauen unser Lager auf. Ich will ihnen helfen. Wir wollen hier unseren Rastplatz einrichten.

Moderator: Ist gut, Abraham. Wir sehen uns dann wieder, wenn ihr euer Lager aufgebaut und euch eingerichtet habt.
Geht ab, Musik setzt ein. Zeltaufbau, anschließend Platz einnehmen: Abraham vor dem Zelt, Sara mit Nähzeug, Lot und Isaak üben Pfeil und Bogen. Hirten gehen ab. Musik leiser, Moderator zurück auf die Bühne.

Moderator: Abraham und seine Familie haben ihr Lager an der Oase eingerichtet.
Auch wir wollen uns hier einrichten: Ihr könnt in eurer Sitzgruppe eine kleine Oase aufbauen und euch in ihr wohlfühlen.
Oasenaufbau in Gruppen: Palmenbau, Kopftücher austeilen, Kennenlernenspiele, wie z. B. Telegramm schicken etc.

Lied »Weil Gottes Welt so schön ist«

2. Szene: Warum Abraham und seine Familie unterwegs sind

Abraham: *ruht unter einer Palme.* Isaak, was machst du?

Isaak: *langweilt sich, geht ins Zelt und kommt mit einem Krug in der Hand zurück. Spielt damit, läßt ihn kreisen.*
Schau mal Vater, in dem Krug ist gar kein Wasser.

Abraham: springt auf und schimpft. Du darfst den Krug doch nicht nehmen.

Sara: kommt dazu und nimmt Isaak den Krug aus der Hand. Isaak, gib mir den Krug.

Isaak: völlig unschuldig. Was ist denn so Besonderes an dem Krug?

Sara: beschwichtigend zu Abraham. Er kann es doch nicht wissen!

Abraham: Setz dich hin. Ich will dir sagen, warum du nicht mit diesem Krug spielen darfst. Der Krug bedeutet uns sehr viel.

Alle drei setzen sich hin. Abraham nimmt den Krug.

Weißt du, Isaak, es ist schon sehr lange her – du warst noch nicht auf der Welt.

Steht auf und erzählt zum Publikum.

Ich habe in Haran gewohnt. Dort habe ich auch Sara, deine Mutter, kennengelernt. Bald wollten wir heiraten, und ich habe ein ganz besonderes Geschenk für sie gesucht. Ich bin die Straßen von Haran entlang gelaufen und habe nirgends etwas gefunden. Es sollte ja etwas ganz Besonderes und Einmaliges sein. Und stell dir vor, in einer dunklen Gasse arbeitete ein Töpfer an seiner Scheibe. Unter seinen Händen entstand aus einem Klumpen Ton dieser Krug. Ich wußte sofort: Den schenke ich Sara.

Gibt den Krug Sara.

Sara: Wenigstens dieser Krug ist mir geblieben. Vieles andere mußten wir zurücklassen. Wir konnten nicht alles tragen. Er hat immer mit frischen Blumen im Zimmer gestanden, und jetzt verstaubt er hier. Isaak, pack ihn vorsichtig wieder ein. Wir möchten ihn aufheben, er soll nicht kaputt gehen.

Isaak geht zur Truhe und wickelt den Krug in ein Tuch. Darunter liegt die Pflugschar, er hebt sie hoch.

Isaak: Vater, was ist denn das alte Ding da? Schleppen wir nicht schon genug Gepäck mit uns herum?

Abraham: Das ist eine Pflugschar. Damit habe ich mein Brot verdient, und du wirst es auch tun.

Isaak: Ich? Was macht man denn mit so einer Pflugschar?

Abraham: Ich war Bauer, und wenn wir unser Land gefunden haben, wirst du auch wieder Bauer sein und nicht mehr durch die Wüste wandern. Mit so einer Pflugschar wirst du, genauso wie ich, die Felder umpflügen und den Boden für die Saat vorbereiten.

Isaak: Ja, warum bist du denn überhaupt losgezogen. Du hattest doch Land. Dort hättest du doch bleiben können, und ich müßte nicht den ganzen Tag laufen.

Abraham: Ich kann dir das nur so sagen, wie ich es erlebt habe. Vielleicht wirst du es jetzt nicht verstehen. Wenn du älter bist, dann wirst du vermutlich eher verstehen, warum ich alles aufgegeben habe.

Isaak: Ja, sag schon, warum denn. Ich bin kein Kleinkind mehr, ich bin schon bald erwachsen!

Abraham: Isaak, mein Sohn: Gott hat mich gerufen! Er hat gesagt: Laß alles zurück. Ziehe in ein neues Land. Ich werde dich dorthin führen!

Lied   »Geh, Abraham, geh«

Isaak: Das war alles?

Abraham: Ja, und ich bin gegangen. Ich habe meine Felder, mein Land, mein Haus und meine Freunde zurückgelassen. Ich bin losgezogen, so wie Gott es gesagt hat.

Isaak: Allein weil Gott es gesagt hat? Das kann ich nicht glauben!

Abraham: Isaak, ich habe viele gute Erfahrungen mit dem Gott gemacht, der mich gerufen hat. Gott hat mich – und euch – bis hierher geführt. Er wird uns auch weiter begleiten!

Isaak: *denkt nach.* Aber dieses Ding da, die Pflugschar. Du hast gesagt: Ich werde auch einmal Felder haben und sie damit bearbeiten. Wann denn? Und wo soll das sein?

Abraham: Ich weiß es auch nicht! Aber ich glaube, daß Gott es weiß. Ich vertraue auf ihn!

Lied »Erzähl mir was von Abraham«

Isaak trägt die Pflugschar zurück.

Sara: Schau mal, da muß noch etwas in der Kiste sein: ein Säckchen mit Korn von der letzten Ernte. Es sind zwar nur gewöhnliche Getreidekörner, aber für uns sind sie sehr wertvoll! *Läßt die Körner durch die Finger gleiten.*
Die letzte Ernte vom zurückgelassenen Land wird zur Saat im neuen Land. Ich werde sie aussäen, wenn wir angekommen sind.

Isaak: Ja, aber wann wird das sein? Werden wir jemals zu unserem neuen Land kommen?

Sara: Schau dir dieses Korn an.

Isaak: *schaut, findet nichts Besonderes daran.* Ja, und? Was soll damit sein?

Sara: Du siehst nichts Besonderes? Mach einmal die Augen zu.

Leise meditative Musik als Untermalung. Sara macht pantomimische Bewegungen zum Text.

Das Korn fällt in die Erde. Dort liegt es lange und ruht. Lange, lange Zeit sieht es so aus, als ob nichts passiert. Aber dann, nach einem warmen Frühlingsregen, regt es sich unter der Erde. Ein kleiner Keim ist gewachsen, und er schiebt sich als Pflänzchen ans Licht der Welt. Langsam wächst es. Der grüne Halm wächst und wird größer, bis ein Getreidehalm entstanden ist.

Musik ausblenden.

Aus diesem einen Körnchen können viele Getreidekörner werden! In diesem kleinen Säckchen liegt ein ganzes Kornfeld verborgen. Verstehst du jetzt, was ich meine?

Sara gibt Isaak die Körner und geht in die »Küche«. Abraham legt sich schlafen, und Isaak läßt die Körner versonnen durch seine Finger gleiten, spürt mit den Kindern zusammen noch einmal das Wachstum (Musikuntermalung), geht dann zur Kiste, legt die Körner hinein und geht ins Zelt.

3. Szene: Der Streit der Hirten

Lots Hirten suchen nach frischem Wasser. Sie finden ein Wasserloch, leider haben sie ihren Wassersack vergessen. Sie gehen ihn holen. Abrahams Hirten suchen ebenfalls nach Wasser. Sie kommen zur selben Wasserstelle und freuen sich, diese entdeckt zu haben. Sie füllen ihren Wasserschlauch. In diesem Moment kommen Lots Hirten zurück – ein pantomimischer Streit beginnt. Kurz bevor eine Schlägerei anfängt, kommt Abraham vorbei.

Abraham: Was ist denn hier los?

Beide Hirtengruppen beginnen gleichzeitig zu reden.

Abraham: Nun mal langsam! So verstehe ich gar nichts! Ruhe! Berichte Du. *Deutet auf einen von Lots Hirten.*

Lots Hirte: Wir waren auf der Suche nach frischem Wasser für unsere Herde und haben dieses Wasserloch entdeckt. Dummerweise haben wir unsere Wasserschläuche vergessen. Wir haben ein Tuch zum Zeichen, daß wir hier waren, hingelegt und haben unsere Wasserschläuche geholt. Als wir wiedergekommen sind, waren die da und haben unser Wasser genommen. Das ist Unrecht. Das lassen wir uns nicht…

Abrahams Hirte: Abraham, das stimmt nicht. Als wir diese Quelle entdeckt haben, war kein Mensch da. Und ein Tuch haben wir auch nicht gesehen. Also haben wir das Recht zum Wasserholen. Schick die da weg. Sie haben hier nichts zu suchen.

Abraham: *ergreift Partei für seine Hirten und schickt die anderen fort.* Los, geht weg. Meine Hirten haben das Wasserloch zuerst gefunden. Deshalb nutzen wir es. Geht und sucht euch woanders Wasser. Ich bestimme, was Recht ist.

Lots Hirten: *gehen wütend weg.* So eine Gemeinheit. Das sagen wir Lot.

Abraham: *geht mit seinen Hirten ab.* Kommt. Aber nehmt genug Wasser mit.

Lied »Streit, Streit, Streit« Vv 1–3

4. Szene: Der Streit wird geschlichtet

Isaak: *hat den Streit hinter der Palme beobachtet, kommt vor.*
Was ist bloß mit meinem Vater los? Ich verstehe ihn nicht. Habt ihr gehört, was er zu den Hirten gesagt hat: »Was Recht ist, bestimme ich!«
Was soll denn das nun wieder? Mein Vater war bis jetzt immer froh, daß uns Lot und seine Hirten geholfen haben. Er hat alles geteilt. Wir sind hier doch in der Wüste! Was machen die Hirten von Onkel Lot jetzt? Sollen sie ihre Tiere verdursten lassen?
Und was passiert, wenn mein Vater sagt: »Keiner von Lots Leuten soll mehr Wasser bekommen?«
Bestimmt konnte mein Vater nicht mehr klar denken, weil er so zornig war. Wenn ich jetzt einfach zu ihm hingehe, dann schreit er mich auch an: »Du tust, was ich dir sage!«
Was soll ich denn tun? Immer diese Streiterei. So kann es doch nicht weitergehen! Habt ihr eine Idee? Sprecht in euren Gruppen darüber und schreibt auf, wie ich helfen könnte, damit sie sich nicht mehr streiten.

BAND
instrumental

»Streit, Streit, Streit«

Gruppen- angeleitet vom Moderator, Rückruf mit dem folgenden
arbeit:

Lied »Streit, Streit, Streit« V 4

Blätter aus Gruppenarbeit werden nach vorne gebracht.

Isaak: liest Antworten aus den Blättern.

Lied »Menschenbrückenlied« Vv 1–3 + 6

Lot und seine Hirten kommen auf die Bühne.

Lot und seine Hirten: Wo ist Abraham?

Isaak: Ihr kommt bestimmt wegen des Streites. Onkel Lot, du bist sehr wütend. Ich finde es ja auch nicht gut, was mein Vater da gemacht hat. Aber wir könnten doch...

Lots Hirten: schimpfen. Das ist eine Gemeinheit. Wir haben euch immer geholfen. Das Wasser ist in der Wüste knapp. Wir müssen teilen.

Lot: Was denkt sich Abraham eigentlich überhaupt? Es gibt hier doch nicht alle paar Meter ein Wasserloch. Meine Tiere haben auch Durst. Sie sollen wohl verdursten?

Isaak: Bestimmt hat mein Vater das nicht so gemeint! Er war sehr wütend und ärgerlich! Und...

Abraham kommt dazu.

Abraham: Was ist denn hier los? Geht es schon wieder um die Wasserstelle?

Lot: Sag mal, denkst du vielleicht, das Land gehört dir alleine? Wie kommst du dazu, meine Hirten von der Wasserstelle zu vertreiben?

Abraham: Meine Hirten haben gesagt, daß sie zuerst da waren. Also ist das unsere Wasserstelle. Und nun Schluß. Darüber will ich nicht mehr reden.

Isaak: Aber Vater, wir haben doch noch gar nicht darüber geredet. Du hast mir doch erzählt, daß du immer auf Gott vertraust. Er hat uns bis hierher geführt und versorgt. Meinst du nicht, wir finden genug Wasser für uns alle? Gott wird uns nicht alleine lassen! Oder stimmt das nicht, was du mir gesagt hast?

Abraham: *denkt nach und antwortet dann.* Isaak, mein Sohn, du hast recht. Ich habe mich vom Zorn blind machen lassen. Lot, es tut mir leid. Bitte entschuldigt alle.

Lot: Gut, daß wir miteinander geredet haben. Aber das Wasser ist knapp, und es ist nicht mehr genug Weide für alle Tiere da.

Isaak: Das stimmt. Ihr werdet euch bestimmt bald wieder streiten. Wir müssen einen anderen Weg finden.

Lots Hirten: Es würde ja reichen, wenn wir nur halb soviele wären. Am besten wäre es, wir würden uns trennen.

Abraham: Lot, du hast uns viel geholfen. Du hast uns begleitet und uns mit deinen Hirten viel Arbeit abgenommen. Weil du uns geholfen hast, sind unsere Herden immer größer und prächtiger geworden. Jetzt sind es einfach zu viele Tiere. Die Hirten haben recht. Wir müssen uns trennen. Lot, ich weiß, daß es nicht einfach ist, aber es muß sein. Du sollst zuerst wählen. Willst du weiterziehen und dir neues Land suchen, oder willst du hier auf diesem fruchtbaren Boden bleiben?

Lot: Was soll ich da so schnell antworten? Laß mir Zeit zum Nachdenken. *Zu seinen Hirten gewandt.* Was soll ich denn wählen? Das fruchtbare Land hier mit einer Wasserstelle, oder sollen wir wieder durch die Wüste ziehen, in die Ungewißheit, und uns neues Land suchen? *Beraten sich.*

Isaak: zu den Kindern. Ich will eigentlich auch nicht mehr weiterziehen. Hoffentlich entscheidet sich Onkel Lot dafür, hier zu bleiben. Das Land ist nämlich wunderbar.

Lot: Abraham, ich habe mich entschieden. Ich sollte wählen: Also ich möchte gerne hier bleiben.

Abraham: Gut. Dann werden wir aufbrechen und weiterziehen. So lange werden wir uns das Wasser teilen. Gott wird uns den Weg zeigen. Er wird mit uns gehen und auch euch beschützen!

Lied »Gottes Liebe ist wie die Sonne«

5. Szene: Isaak bleibt bei seiner Familie

Sara kocht, und Isaak sitzt vor dem Zelt.

Sara: Isaak. – Isaak, holst du mir bitte Wasser?

Isaak: heftig, stockend und mit Pausen. Immer muß ich helfen. Immer trifft es mich, weil ich das einzige Kind bin. Die anderen Kinder haben es gut. Die haben Geschwister, die mithelfen können. Ich will nicht mehr helfen, und überhaupt will ich nicht weg von hier. Ich will bei Lot bleiben. Er ist jünger, da ist mehr los. Da gefällt es mir besser als hier bei euch. Ihr seid ja schon so alt und versteht mich nicht mehr. Was soll ich von euch denn lernen? Lot dagegen ist jung, er kann mir etwas bieten. Er kann mir das Jagen beibringen, mir viele nützliche Dinge beibringen, die man als Viehbesitzer können muß. Ich will nicht weg von hier.

Sara: ist betroffen von dem Gefühlsausbruch, setzt sich hin. Isaak, ich versteh dich ja. Ich weiß, daß wir alt sind. Wir haben so lange auf deine Geburt warten müssen. Aber du bist unser Wunschkind. Wir lieben dich mehr als alles andere. Wir brauchen dich. In dir liegt unsere Zukunft. Ohne dich können wir nicht weitermachen. Du gehörst doch zu uns. Wir sind eine Familie und gehören zusammen. Nur zusammen werden wir das bleiben, was wir sind: eine angesehene und mächtige Familie. Nur zusammen werden wir unseren Besitz erhalten können. Und nur zusammen werden wir unseren neuen Glauben erhalten und ihn auch an andere Menschen weitergeben können. Wir brauchen dich, Isaak. Verstehst du das?

Isaak: denkt nach, nach einer Pause. Ist schon gut, Mutter. Ich verstehe. Nur miteinander können wir leben und glauben. Ich hol dir jetzt Wasser. Wo ist der Wassersack?

Er geht Wasser holen, und Sara geht ab.

Miteinander den Tag gestalten:
gemeinsam spielen, essen und die Spielstraße besuchen

a) Spiel

Lied »Wir singen alle Hallelu«

Moderator erläutert das folgende Spiel.

In jeder Oase gibt es einen Schuhkarton mit einer Öffnung, durch die nur eine kleine Hand langen kann; in jedem Karton finden sich 30 Walnüsse; eine davon ist präpariert: mit der Spielanweisung für das Spiel »Freundschaftsball, flieg um die Welt«. Die Nüsse werden herausgeholt, geknackt, und dann beginnt das Spiel: Ein Wollknäuel wird im Spielkreis von einem zum anderen geworfen. Der jeweils Angespielte hält den Wollfaden fest und wirft das Knäuel dann weiter. Es entsteht ein Freundschaftsnetz.

Dazu Musikuntermalung

Lied »Freundschaftsball, flieg um die Welt«

b) Essen *Sara*: Das Essen ist fertig!

Abraham, Isaak, Lot und die Hirten kommen zum Essen.

Abraham: Kommt alle zum Essen. Stärkt euch für den restlichen Tag.

Lied »Eßt miteinander«

Abraham lädt alle Kinder und Erwachsenen zum gemeinsamen Essen und Trinken ein. Gruppenleiter holen das Essen und teilen es aus. Musik eventuell im Hintergrund. Nach dem Essen wird ein Danklied gesungen.

Lied »Danke schön sagen wir«

c) Spielstraße für alle *Vorm Zelt oder im Zelt ist eine Spielstraße aufgebaut, bei der alle gemeinsam die angebotenen Spiele spielen.*

6. Szene: Abraham und seine Familie ziehen weiter

Musikalischer Rückruf von der Spielstraße. Musikuntermalung, bis alle Kinder ihre Oase gefunden haben.
Abraham kommt mit seiner Familie und den Hirten auf die Bühne, die Hirten bauen die Zelte ab und machen alles reisefertig.
Abraham verabschiedet sich vom Moderator.

Abraham: Uns hat es sehr gut bei euch gefallen. Es war ein schöner Tag mit euch. Ihr seht, daß die Hirten schon alles gepackt haben. Wir haben noch einen langen Weg vor uns und wollen deshalb jetzt aufbrechen. Wir wünschen euch alles Gute und noch viel Spaß.

Moderator: Abraham, du hast diesen Tag mit uns erlebt. Sag uns doch noch, was dir heute besonders gefallen hat.

Abraham erzählt kurz von einer Beobachtung z. B. von der Spielstraße, z. B. davon, daß er erstaunt war, so viele Kinder und Erwachsene hier anzutreffen und daß sie sehr viel miteinander gemacht haben.

Abraham: Eines möchte ich den Vätern besonders raten: Verbringt viel Zeit mit euren Kindern. Erzählt ihnen aus eurem Leben. Redet mit ihnen von Gott. Und wenn eure Söhne und Töchter euch Kritisches sagen, hört auf sie, es kann auch für euch sehr wichtig sein.

Sara: Ich möchte zu den Müttern sagen: Traut euren Kindern viel zu. Kinder können viele Sachen. Traut Gott viel zu. Auch wenn wir manchmal lange warten müssen, Gott führt uns einen guten Weg, wenn wir ihn darum bitten.

Isaak: Ich fand es toll bei euch. Am meisten hat mir... Spaß gemacht. Und noch etwas: Wißt ihr, was ich gut finde? Wenn man seine Eltern alles fragen oder ihnen alles sagen kann. Ich will das in Zukunft tun. Ich habe jetzt verstanden, daß wir nur miteinander leben können.

Abraham: Wir müssen jetzt weiterziehen und euch verlassen. Aber wir glauben miteinander: Gott wird uns alle beschützen und begleiten. Er wird mit uns allen gehen und uns segnen. Auf Wiedersehen!

Abraham, seine Familie und die Hirten ziehen weiter und verlassen die Bühne.

Lied
mit Tanz

»Fröhlich gehe ich«

Tanzbeschreibung: an den Händen fassen, zwei Schritte im Takt nach links, zwei Schritte nach rechts, dann auf der Stelle im Kreis drehen und dazu in die Hände klatschen. Öfters wiederholen (evtl. zum Ausgang).

Sendung

Segen

Die Geschichte von Jakobs Betrug an seinem Bruder Esau weckt Emotionen. Nicht nur bei den Betroffenen, sondern auch bei denen, denen diese Geschichte heute begegnet. Da findet sich Mitleid mit dem um sein Erbe betrogenen Esau ebenso wie Ablehnung gegenüber dem »Sieger« Jakob.
Daß es sich dabei um ein letzten Endes von Gott mitgetragenes Geschehen handelt, weckt zusätzlich Emotionen und Fragen über das Warum.
Um die Geschichte den Kindern trotzdem erzählen zu können, wurde eine integrative Figur gesucht, die das Geschehen vermittelt und deutet. Im Knecht Micha wurde diese Person gefunden. Er führt die Kinder durch die Geschichte, läßt sie die Höhen und Tiefen dadurch miterleben, daß er sie selbst erlebt, und löst am Ende alle Anspannungen, indem er die ihm und seinem Herrn Jakob zuteil gewordene Erfahrung »Wir sind geborgen bei Gott« den Kindern zusagt.

Rollen: Sprechtexte:
– Micha, Jakobs Knecht
– Jakob
– Esau, der Jäger
– Rebekka
– Isaak

ohne Text:
– Engelsballett

Material: – Zelte (Isaaks Zelt/Küchenzelt)
– Kücheneinrichtung
– Lagerstatt für Isaak
– Rastplatz mit Stein
– Fläschchen Salböl

Eröffnung

Begrüßung

Gebet

Lied »Gottes Liebe ist so wunderbar«

1. Szene: Micha, Jakobs Knecht

Micha kommt aus dem Publikum auf die Bühne. Beinahe wäre er gestolpert. Blickt sich um, ob ihn jemand dabei beobachtet hat. Zieht seine Klamotten zurecht und blickt ins Publikum.

Micha: Also ich heiße Micha. Wie ihr alle heißt, weiß ich nicht: vielleicht Monika oder Stefan oder Miriam oder Christoph. Ich heiße Micha. Und ich bin Knecht bei Jakob. Jakob ist mein Herr. Die Bibel erzählt viele Geschichten von ihm. Er ist ein wichtiger Mann in der Bibel. Gott hat ihn für große Aufgaben bestimmt. Er ist der Vater aller Israeliten. Manchmal ärgert mich das ein bißchen. Jakob ist so wichtig – aber mein Name kommt in der Bibel gar nicht vor. Niemand hat an mich gedacht. Armer Micha! Ich bin nur ein Knecht. Ich arbeite für Jakob, so wie heute. Wir haben unsere Zelte aufgeschlagen, große Zelte. Eines für mich und für Jakob. Eines für seine Mutter und für seinen Vater. Und eines für Esau, so heißt sein Bruder.

Meistens schlafen wir Knechte bei den Schafen und Ziegen im Stroh. Aber ich habe Glück. Ich schlafe bei Jakob im Zelt. Da ist es nachts nicht so kalt.
Also wir haben die Zelte aufgestellt – und schon gab es Krach. Jakob und Esau mögen sich nicht. Die streiten oft, obwohl sie schon groß sind.
Rebekka, das ist ihre Mutter, Rebekka hält zu Jakob. Ich glaube, die mag Jakob lieber als Esau. Bei Isaak, dem Vater von Jakob und Esau, ist das umgekehrt. Der mag Esau lieber. Vielleicht deshalb, weil Esau sich um die Schafe und Ziegen kümmert.
Jedenfalls hat Isaak den Jakob geschimpft: »Du sollst mit

anpacken.« Der hat aber gar nicht mitgeholfen. Der hat nur geschrien: »Micha! Micha, du mußt Esau helfen. Vater Isaak hat's befohlen.«
»Immer ich«, hab ich gedacht, »immer ich. Armer Micha!« Aber bis Mittag waren wir fertig.
Da haben sich alle versammelt: die Knechte, die Mägde, Esau, Jakob, die Mutter Rebekka und Isaak, der Vater. Der hat ein großes Dankgebet gesprochen. Er hat Gott gedankt für die vielen hundert Schafe und Ziegen. Die sind wirklich ein großer Segen. Sie geben Milch, Fleisch und Wolle. Uns geht's gut. Und dann hat er noch Gott gedankt, daß er da ist, daß er immer bei uns ist, wohin wir auch ziehen.
Ha, aber eigentlich will ich euch was ganz anderes erzählen: Ich habe gemerkt, daß Rebekka lauscht. Ich habe gesehen, wie sie ihr Ohr ganz fest an die Zeltwand gepreßt und gelauscht hat. Drinnen waren Esau und sein Vater Isaak. Und dann hat sie ein verschwörerisches Gesicht gemacht und hat Jakob gesucht. Hat sie ein Geheimnis?
Ich lege mich mal auf die Lauer. Vielleicht kriege ich heraus, was sie für ein Geheimnis hat. Vorsicht, da kommt sie schon!

Lied »Du bist da, wo Menschen leben«

2. Szene: Rebekkas Plan

Micha geht auf einer Seite der Bühne in Lauerposition, während Rebekka in der Küche herumhantiert und vor sich hinspricht.

Rebekka: Isaak wird alt. Soviele Jahre sind wir nun schon verheiratet. Früher, ja früher, da war er ein hübscher Mann. Und heute? – Er ist alt geworden. Er sieht ja kaum noch was.
Tja, bald wird Esau Herr in der Familie sein, denn Esau ist als erster geboren. Der Erstgeborene erhält den Segen seines Vaters und wird damit Familienoberhaupt. Ich werde ihm gehorchen müssen und Jakob auch. So ein Unglück! Bei Esau habe ich nichts zu sagen. Der ist wie sein Vater. Der macht, was er will. – Und ich?

Bei der Geburt hat Gott mir gesagt: Jakob wird der Stärkere sein. Ob sein Wort sich erfüllt? – Jakob ist der Jüngere. Esau wird Herr, nicht Jakob.
Aber ich könnte ja was unternehmen. Ich könnte mit Jakob einen Plan machen. Vielleicht könnten wir Esau austricksen?

Jakob betritt die Küche.

Jakob: Mutter, da bist du.

Rebekka: Ja, es gibt eine Menge vorzubereiten.

Jakob: Was, jetzt schon? Wir essen doch erst abends.

Rebekka: Nun hör mal zu, mein lieber Jakob, und setz dich dort hin!

Jakob setzt sich.

Jakob: Also?

Rebekka: Jakob, dein Vater wird älter. Er hört schlecht. Er sieht fast nichts mehr. Irgendwann wird er Esau seinen Segen geben. Und du weißt, was das heißt.

Jakob: Esau wird Herr der Familie und unserer großen Schaf- und Ziegenherde.

Rebekka: Ich sehe, du verstehst mich. Deshalb wird es Zeit, daß wir Tatsachen schaffen.

Jakob: Was meinst du damit?

Rebekka: Was meinst du damit! *nachäffend.* Stell dich doch nicht so dumm an. Heute früh habe ich gehört, daß dein Vater Isaak mit Esau gesprochen hat. Ganz heimlich. Er soll ihm ein Wild schießen und zubereiten. Und dann wird er ihm seinen Segen geben.

Jakob: Na und?

Rebekka: Begreifst du denn immer noch nicht? – Wie wäre es denn, wenn er *dir* den Segen gäbe statt Esau. Das wäre besser für dich – und für mich.

Jakob: Ach so! Du meinst, wir sollen Esau austricksen?

Rebekka: Das hat aber lange gedauert, bis du das verstanden hast. Aber ich sehe, jetzt hast du kapiert, was ich meine.

Jakob: Die Idee ist ja ganz gut. Aber du weißt: Ich bin kein Jäger. Esau geht auf die Jagd.

Rebekka: Halb so wild. Wir schlachten einfach eine Ziege. Die bereite ich zu wie ein Wildbret. Dein Vater schmeckt den Unterschied bestimmt nicht. Also geh und schlachte eine Ziege!

Jakob geht ab. Rebekka sucht Kochgeschirr zusammen und macht Feuer. In der Zwischenzeit kam Micha auf die Bühne. Er steht abseits und beobachtet das Geschehen.

Micha: Aha, das war das große Geheimnis: Rebekka will Esau reinlegen. Ihr Liebling, der Jakob, soll den Segen kriegen. Der soll Herr werden. Ganz schön raffiniert ist das. Armer Esau!

Denkpause

Aber glücklicher Micha. Ja, glücklicher Micha. Dein Herr wird Herr. Dann bin ich der oberste Knecht. Der beste Knecht. Dann habe ich etwas zu sagen. Mensch, wäre das toll!

Denkpause

Ob Esau sich das so gefallen läßt? Der kann ganz schön wütend werden. Dann schreit er rum. Und wer ihm zu nahe kommt, der kriegt eine ab.

Denkpause

Aber toll wäre das schon: Jakob wird Herr. Micha wird Oberknecht. Hoffentlich ist Gott wirklich auf unserer Seite. Ein bißchen mulmig ist mir schon. Ich werde Gott bitten: Halte zu mir, guter Gott.

Lied »Halte zu mir, guter Gott«

Micha geht ab.

3. Szene: Jakob erschwindelt sich den Vatersegen

Gegen Ende der musikalischen Darbietung bereitet Rebekka unter Mithilfe von Jakob das Mahl.

Rebekka: Ich denke, das Fleisch ist soweit. Mach dich fertig und schick mir den Micha!

Jakob: Wie fertig machen?

Rebekka: Na, du mußt dir das Fell überziehen.

Jakob: Wieso? Was für ein Fell?

Rebekka: *ärgerlich.* Wieso, wieso. In deinem Gewand schöpft Isaak bestimmt Verdacht. Du hast nicht so viele Haare wie Esau auf deinen Armen. Isaak sieht zwar nicht viel, aber er kann riechen. Er kann fühlen. Also tu mir den Gefallen: Zieh die Felljacke an. Die riecht nach Ziegen und ist rauh. Da schöpft er bestimmt keinen Verdacht.

Jakob: Micha!

Micha tritt ein.

Micha, geh meiner Mutter zur Hand.

Jakob verschwindet hinter der Bühne. Rebekka sucht umständlich einen Teller. Dann legt sie Salatblätter zurecht. Zum Schluß legt sie das Fleisch in die Mitte.

Rebekka: So... wenn Jakob jetzt kommt, dann trägst du das hinein zu Isaak. Und daß du mir ja nicht sprichst!

Micha: Wieso?

Rebekka: Das geht dich gar nichts an. Es reicht, wenn Jakob Bescheid weiß.

Jakob kommt herbei. Rebekka winkt ihn her. Micha geht voraus, dann folgt Jakob. Sie treten bei Isaak ein. Er liegt auf seinem Lager. Rebekka bleibt an der Tür.

Rebekka: Isaak. Dein Sohn Esau will dir auftischen.

Isaak: Danke, Frau.

Rebekka geht in die Küche zurück und ab. Micha setzt die Speise vor dem Lager Isaaks ab. Micha verläßt den Raum und bringt sich in Lauerposition.

Isaak: Ich rieche köstliches Wildbret. Esau, du hast es zubereitet, wie ich es mag. Du bist doch Esau?

Jakob: *mit verstellter Stimme.* Ja, Vater, ich bin's.

Isaak ißt. Derweilen hockt Jakob im Schneidersitz beim Lager.

Isaak: Es ist genug. Ich bin alt. Ich vertrage nicht mehr viel. Nimm den Teller weg.

Jakob nimmt den Teller weg und stellt ihn an die Tür.

Isaak: So, nun komm, mein Sohn, und knie nieder bei mir.

Jakob kniet nieder. Isaak betastet ihn und macht ein ungläubiges Gesicht. Er brummelt in seinen Bart. Schließlich beschnuppert er ihn.

Isaak: Mein Sohn, du riechst nach der Natur. Ich war mir nicht ganz sicher. Aber du mußt Esau sein. Du bist behaart auf deinen Armen. Also will ich dir den Vatersegen geben, wie ich es dir versprochen habe.

Isaak legt Jakob die Hände auf das Haupt und spricht den Segen. Dabei schaut Micha herein.

Isaak: Gott gebe dir vom Tau des Himmels,
damit alles wächst und gedeiht,
und fruchtbaren Erdboden,
damit du immer Korn und Wein zur Genüge hast.
Viele Völker sollen dir dienen,

und Menschen werden vor dir niederfallen und dich ehren.
Sei ein Herr über deine Brüder,
und deine Geschwister sollen vor dir Respekt haben.
Verflucht sei, wer dir flucht.
Gesegnet sei, wer dich segnet.

Jakob: Amen.

Jakob gibt Isaak einen Kuß auf die Wange.

Jakob: Danke, Vater.

Jakob geht hinaus, hinüber in die Küche. Micha hat sich inzwischen schon verdrückt. Rebekka tritt in die Küche ein.

Rebekka: Und?

Jakob: *nickt.* Ich habe den Segen.

Während Rebekka und Jakob aufräumen und dann abtreten, kommt Micha in den Vordergrund.

Micha: Mein Herr ist Herr. Der Trick hat geklappt. Isaak hat sich täuschen lassen. Aber Esau?
Daß Gott das zuläßt? Eigentlich ist das Schwindel. Und doch ist es sein Wille. Wer weiß, was er mit Jakob noch vorhat?
Mit Esau gibt's bestimmt noch Schwierigkeiten. Ich würde mir das auch nicht so einfach gefallen lassen. Vorsicht, da kommt er schon.

4. Szene: Esau, der Betrogene

Esau betritt die Küche. Er hängt seine Gerätschaften an einen Ständer, packt sein Fleisch aus, legt es in den Topf und beginnt pfeifend und offenbar guter Dinge zu kochen.

Esau: So, jetzt noch etwas Basilikum. Das mag Vater besonders. Es soll ja alles stimmen heute. Vater soll sich freuen, wenn er mir den Segen gibt.

Rebekka tritt ein.

Rebekka: Was kochst du denn Feines?

Esau: Eigentlich geht's dich ja gar nichts an. Aber das ist für Vater.

Rebekka: Für Vater? Seit wann kochst du für Vater?

Esau: Nach der Jagd habe ich immer für Vater gekocht. Du weißt, er mag mein Wildbret.

Rebekka: Kann ich dir helfen?

Esau: Ja, du könntest das Essen anrichten.

Rebekka richtet den Teller mit Salatblättern an. Inzwischen wäscht Esau sich Kopf und Hände.

Rebekka: Soll ich auftragen?

Esau: Nein. Das übernehme ich heute!

Esau zupft die Salatblätter noch einmal zurecht und geht dann zu Isaak hinein.

Isaak: Wer ist da?

Esau: Ich bin's, Vater – Esau.

Isaak: erschrickt Esau?

Esau: Was ist, Vater?

Isaak: Wo ist der Jäger, der mir vorhin das Essen aufgetragen hat?

Esau: Jäger? *Ich* bin der Jäger!

Isaak: Mein Sohn, der Jäger war schon da. Den habe ich gesegnet.

Esau erschrickt und sinkt vor dem Lager Isaaks auf die Knie.

Esau: Vater. Vater, segne mich.

Isaak: *abgewandt.* Ja, ja, so mußte es kommen. Jakob heißt nicht umsonst: der Hinterlistige. Er hat mich hereingelegt – und dich. Er ist dein Herr.

Esau: Vater, so segne mich auch. Du hast doch mehr als einen Segen!

Isaak: Aber den Vatersegen kann ich nur einmal geben.

Esau: Nur einmal?

Esau heult und schluchzt laut. Micha schaut kurz herein.

Esau: So segne mich doch!

Isaak: Es tut mir leid, unendlich leid, Esau. Diesen Segen kann ich dir nicht mehr geben. Ich kann dich nur so segnen, wie du bist.

Hände auflegen.

Siehe, du wirst auf unfruchtbarem Land leben ohne Himmelstau. Mit deinem Schwert wirst du kämpfen, um dich zu ernähren, und deinem Bruder wirst du dienen. Aber einmal sollst du frei sein, und Jakob wird dich nicht länger beherrschen.

Heulend und wütend stapft Esau aus dem Gemach Isaaks. Er stolpert fast über Micha, wirft wütend das Mahl samt Teller auf den Boden und schreit Micha an:

Esau: Du gehörst auch zu Jakobs Brut, du Mistkerl, du.

Dann rast Esau aus der Küche.

Micha: Au weia. Das setzt noch ein riesiges Donnerwetter. Da muß Jakob sich in acht nehmen. Esau ist fürchterlich wütend. Hoffentlich hält Gott zu uns, sonst hat Jakob nichts mehr zu lachen.

Musikalischer Übergang

5. Szene: Jakobs Traum von der Himmelsleiter

Jakob betritt die Küche von hinten, Micha kommt von vorne.

Jakob: Da bist du.

Micha blickt zu Jakob.

Jakob: Hast du Esau gesehen?

Micha: Der ist hier gerade durchgestampft wie ein Kamel im Gewitter: schnaubend und wütend. Dem würde ich an deiner Stelle nicht in die Quere kommen. »Jakobs Brut« hat er geschimpft.

Rebekka hat sich von hinten in die Küche geschoben.

Rebekka: Esau ist hinaus zu den Tieren.

Jakob: Ich muß warten, bis sein Zorn verraucht ist.

Rebekka: Verraucht? – Wenn dein Vater für immer die Augen schließen wird, gibt's hier Mord und Totschlag. Esau wird nicht ruhen, bis er sein Recht hat.

Jakob: Es wird schon nicht so schlimm werden.

Rebekka: Schlimm genug. Ich glaube, es ist besser, du verschwindest eine Zeitlang von hier. Du könntest hinaufreisen ins Zweistromland zu meinem Bruder, deinem Onkel Laban. Bei Laban bist du sicher. Der wohnt zwanzig Tagereisen weit von hier.

Jakob: Aber ich will nicht weg.

Rebekka: Du wirst keine andere Wahl haben.

Jakob: Das ist doch nicht dein Ernst, Mutter.

Rebekka: Ich fürchte doch. Sei vernünftig. Du kannst nicht Esau austricksen und jetzt so tun als wäre nichts geschehen. Du hast keine andere Wahl. Du mußt gehen.

Jakob erschrickt. Er hört draußen Esau herumschreien.

Jakob: O Gott!

Stille – dann plötzlich.

Micha. Wir müssen packen. Hol ein Lasttier und lade das Wichtigste auf: Wasser, Essen, Decken.

Micha: zum Publikum. Armer Micha. Immer auf die Kleinen. Ich hab es ja geahnt, das geht schief. Aber mich fragt ja keiner.

Rebekka: Ihr packt. Ich spreche mit Vater.

Jakob und Micha gehen nach hinten ab. Rebekka geht zu Isaak.

Rebekka: Mann, ich habe mit dir zu reden.

Isaak: Sprich, Rebekka.

Rebekka: Isaak, du bist alt geworden. Deine Söhne aber sind noch nicht verheiratet. Ich glaube, es ist an der Zeit, daß sie sich Frauen nehmen. Ich denke, Jakob sollte sich eine Frau aus meiner Heimat nehmen. Ich will ihn zu meinem Bruder Laban ins Zweistromland schicken. Was meinst du dazu?

Isaak: Frau, es ist alles sehr schwierig geworden. Du hast recht. Schicke Jakob zu deinem Bruder Laban. Der Weg ist weit. Aber es kann nicht schaden, wenn er eine Weile in die Fremde geht. Sag ihm, er soll sich noch heute auf den Weg machen.
Sag ihm, er braucht sich nicht bei mir verabschieden. Ich will ihn nicht mehr sehen.

Isaak macht eine scheuchende Handbewegung. Rebekka geht hinaus. Micha kommt in die Küche.

Rebekka: Wo ist Jakob?

Micha: Draußen. Er verabschiedet sich von den Mägden.

Rebekka geht hinaus.

85

Micha: Das hat man nun davon. Ich und Jakob müssen fort wie Diebe in der Nacht. Kein Lebewohl, gar nichts. Vor uns nur die Sonne, der Sand, der Staub, Hunger, Durst und Schweiß. Ich hasse die Wüste. Ich hasse Karawanen. Aber was soll ich tun? Armer Micha!

Lied »Karawanensong«

Jakob und Micha sind unterwegs. Suchen sich ein Nachtlager.

Micha: Ach, wie schön könnte ich jetzt bei Isaak im Heu liegen. Ich hätte ein Zeltdach über mir. Das wäre schön.

Bloß wegen meines Herrn muß ich mich herumärgern. Dieses störrische Kamel. Den ganzen Tag mußte ich es antreiben. Hab ich ein Glück, daß es wenigstens allein fressen kann. So, dann will ich einmal das Lager herrichten.

Micha blickt sich um.

Vielleicht dort drüben am Stein. Da fallen wir nicht so auf. Ich hoffe es ja nicht, aber hier in der Gegend sollen sich Räuber herumtreiben. Und *die* sind nicht zimperlich. Die schlagen auch zu und töten, wenn sie es für richtig halten.

Ach, wie schön wäre es jetzt zu Hause in Isaaks Zelt. In seinen Zelten wären wir geschützt vor Kälte und Hitze, vor Sand und Wind.

Jakob betritt die Bühne.

Jakob: Hast du schon das Lager hergerichtet?

Micha: Bin gerade dabei.

Jakob: Gut. Wenn du damit fertig bist, dann mach Feuer. Ich habe keine Lust, auch noch zu frieren. Es wird bitter kalt heute nacht. Kein Wölkchen am Himmel.

Micha: Ja, ja!

Jakob legt sich den Stein als »Kissen« zurecht.

Jakob: Micha, denk an das Feuer. Ich werde mich jetzt hinlegen. Ich bin todmüde.

Jakob kniet sich, betet still und legt sich. Micha macht Feuer, dann kniet er und betet laut.

Micha: Gott, ich hoffe, du hörst mich. Zu Hause bei Isaak hast du mich begleitet. All die Jahre bist du mit Isaak und seiner Familie gezogen. Sei nun auch hier bei uns und behüte uns. Ich habe Angst. Ich fühle mich so allein. Amen.

Micha legt sich. Er wälzt sich unruhig hin und her.
Musikuntermalung: Nachtlied.
Micha und Jakob bleiben die ganze Zeit liegen.
Eine Gruppe von Engeln tanzt zu Musik (Ballett).
Bei den letzten Klängen der Musik erhebt sich Jakob schlafwandlerisch. Die Engel sind entschwunden. Er kniet zum stillen Gebet. Dann erwacht Micha.

Micha: Wo bin ich? *blickt sich um.*

Oh! *schlägt sich die Hände vors Gesicht.*

Oh! *Als er Jakob beten sieht, schlägt er die Hände auf den Mund.*

Jakob: *locker und fröhlich.* Ja, mir geht's gut. Ich habe einen tollen Traum gehabt.

Micha: *eifrig.* Wir gehen wieder nach Hause?

Jakob: Nein, das nicht. Aber der Traum war trotzdem toll. Ich habe Engel gesehen. Wie auf einer Leiter sind sie von Gott herabgestiegen, hier an diesem Platz. Sie haben Gottes Botschaft zu mir gebracht: Gott ist mit uns. Wir sind nicht allein. Sein großes Himmelszelt hat er über uns gespannt. Dieser Platz ist ein heiliger Ort. Hier hat er mir gezeigt: Er mag mich. Das ist dein Glück und meines. Deswegen werde ich diesen Stein aufrichten zur Erinnerung.

Micha: Deswegen?

Jakob: Ja. Ich werde diesen Stein aufstellen und diesen Ort Beth-El nennen. Das heißt: Hier wohnt Gott.

Jakob stellt den Stein auf, nimmt ein Fläschchen und salbt den Stein. Dabei bleibt er einen Moment regungslos stehen.

Micha: Warum hast du den Stein mit Öl gesalbt?

Jakob: Zum Zeichen für das Glück, daß Gott uns mag. Das macht diesen Stein so wichtig. Deswegen ist dieser Ort heilig. Gott hat heil gemacht, was zerbrochen war.

Micha: Was war zerbrochen?

Jakob: Unser Glück, das wir zu Hause hatten. Wir mußten alleine gehen. Wir hatten Angst. Jetzt aber wissen wir: Gott geht mit uns – wo immer wir hingehen.

Jakob packt. Micha geht nach vorne, er tanzt fröhlich im Kreis.

Micha: Gott läßt uns nicht im Stich. Sein Himmelszelt umspannt die ganze Welt. Ist das nicht ein Glück?

Lied »Singt und tanzt«

Hier kann sich ein Fest der Freude anschließen. Vor der Verabschiedung wird mit allen ein Fest gefeiert: mit Essen und Trinken für alle Teilnehmenden, mit Spielen und/oder Tänzen. Nach dem Fest musikalischer Rückruf durch die Band.

Sendung

Segen

Mit Gottes Segen auf unbekannten Wegen

(Josua 1-4)

Nachdem Mose, der das Volk Israel vierzig Jahre auf dem Weg ins gelobte Land geführt hatte, gestorben war, war das Volk niedergeschlagen und mutlos. Es glaubte nicht mehr an Gottes weitere Begleitung. Josua, der Nachfolger Moses, gibt seinem Volk wieder Zuversicht, Mut, Vertrauen und Hoffnung: »Gottes Segen begleitet uns, auch auf den unbekannten Wegen, die noch vor uns liegen.«

Mit dieser Gewißheit, die er bekräftigt mit dem Stab des Mose, den nun er in der Hand hat, führt er das Volk ins neue, gelobte Land. Der Stab wird zum Symbol für Gottes segnende Begleitung.

Auch heute können wir uns Gottes segnender Begleitung auf unseren Lebenswegen gewiß sein.

Rollen: Sprechtexte:
- Moderator
- Josua
- drei Älteste
- Späher
- zwei Kundschafter

ohne Text:
- Volk

Material:
- Stab des Mose
- Zelt/Zelte (3 Stangen, Stofftuch darüber, ähnlich einem Indianerzelt)
- Hausrat
- Wasserkrüge
- schwarze Trauerbinden
- Stock mit großer Weintraube (Vogelnetz mit kleinen blauen oder grünen Bällchen gefüllt)
- evtl. blaue Tücher (für den Jordan)
- Bleistifte mit Eindruck »Geh mit Gottes Segen« für alle Kinder

Eröffnung

Begrüßung

Gebet

Lied »Kommt alle her, halli hallo«

Moderator: So fröhlich, wie wir hier sind, sind wir nicht immer. Es gibt Tage und Stunden in unserem Leben, in denen wir mutlos, verzagt oder traurig sind. Manchmal kommt sogar alles zusammen. Da brauchen wir jemanden, der uns wieder tröstet, uns Hoffnung und neue Kraft gibt. Wir wollen das heute für jemanden sein, dem es auch so ergangen ist. Vor langer Zeit hat er gelebt. Ihm ging es immer gut, er war fröhlich und zufrieden. Doch eines Tages änderte sich das plötzlich. Alle Menschen des Volkes, zu dem er gehörte, waren traurig, weil Mose, der das Volk bisher auf dem Weg in ein neues Land geführt hatte, gestorben war. Alle hatten gewußt, daß es eines Tages so kommen mußte. Aber dann waren die Israeliten – um dieses Volk geht es – doch sehr, sehr traurig, als Mose tot war. Sie nahmen bei einer Beerdigungsfeier Abschied von ihm und kehren nun von seinem Grab in ihr Lager zurück.

1. Szene: Der Trauerzug für Mose

Das Volk Israel zieht gebeugt und traurig durchs Zelt auf die Bühne. Zum Zeichen der Trauer tragen alle schwarze Binden um die Stirn oder den Arm. In der Ferne hört man Trompeten, die einen Trauermarsch spielen. Die Ältesten versammeln sich. Sie sehen traurig und besorgt aus. Nur ihr Amt, das sie mit Würde tragen sollen, hindert sie am Weinen. Die anderen ziehen an ihnen vorbei und schauen sie fragend an. Doch auch sie, die Ältesten, wissen nicht weiter.

Ältester 1: Wie sie uns anstarren, als ob wir etwas dafür könnten!

Ältester 2: Als ob wir gewollt hätten, daß Mose stirbt!

Ältester 3: Dabei sind wir so kurz vor dem verheißenen Land. Warum mußte das denn gerade jetzt passieren. In wenigen Tagen wären wir da. Ich versteh das alles nicht. Das kann doch nicht Gottes Wille gewesen sein.

Ältester 2: Ich weiß auch nicht. Da sind wir jetzt vierzig Jahre durch die Wüste gezogen, da hat uns Mose aus Ägypten geführt, da zogen wir durch das Schilfmeer, da trotzten wir der Wüste, und jetzt so kurz vor dem Ziel: aus und vorbei!

Ältester 1: Ja, wenn wir nur wüßten, wie es weitergehen soll!

Ältester 3: Das ist wirklich ein Problem. Aber ich habe euch eine große Neuigkeit mitzuteilen!

Ältester 1: Ja was denn?

Ältester 3: Denkt euch nur, wen Mose zu seinem Nachfolger eingesetzt hat. Den Josua!

Ältester 2: Den Josua?

Ältester 1: Den Josua, den kenne ich schon, als er noch ein kleines Kind war. Wie alt ist er denn überhaupt? Ist er dafür nicht zu jung? Muß es wirklich Josua sein?

Ältester 3: Doch, Josua soll es werden, ich habe es mit eigenen Ohren gehört.

Ältester 2: Dann schaffen wir es nie, ins gelobte Land zu kommen.

Ältester 1: Still, da hinten kommt jemand.

Ältester 3: Das ist Josua, ich möchte ihm jetzt nicht begegnen. Kommt, laßt uns gehen.

Die Ältesten gehen ab, und Josua tritt auf.

2. Szene: Josuas Einsamkeit und Zweifel

Josua setzt sich an den Bühnenrand. Er schaut nicht gerade begeistert aus. Man merkt ihm an, daß er an einer Last trägt, die man aber nicht sieht.

Josua: stockend, zum Teil sehr erregt. So habe ich mir das eigentlich nicht vorgestellt. Ausgerechnet jetzt stirbt Mose. Und ausgerechnet mich bestimmt er zu seinem Nachfolger. Ich soll vollenden, was er begonnen hat. Ich soll seine Aufgabe zu Ende führen – ich Josua? Wer bin ich denn, daß ich vollenden soll, was ein Größerer begonnen hat? Wer hat denn damals den Pharao überzeugt, uns ziehen zu lassen? Wer hat uns durch das Meer den Weg freigemacht? Wer sorgte für Wasser in der Wüste? Wer wußte immer einen Weg? Mose, der konnte das, der konnte mit Gott und den Menschen umgehen.
Nein, die Aufgabe ist mir zu groß. Ich habe Angst. Ich kann es nicht. Ich will es nicht. Ich bin nicht Mose. Mein Gott, das ist zuviel für mich! Nimm mir diese Last ab, bestimme jemand anderes. Ich bin dafür zu jung und zu schwach. Ich bin dafür zu klein. Wie soll ich das alles können, was von mir erwartet wird? Ich kann doch keine Wunder vollbringen. Ich spüre, ich kann das alles nicht. *Er bleibt gedankenversunken am Bühnenrand sitzen.*

Lied »Das wünsch' ich sehr«

Moderator: Ich kann das alles nicht, ich bin zu klein dafür! Das sagt Josua von sich selbst. Uns geht es doch auch oft so. Auch wir sind mutlos und klein und wissen nicht, ob wir es schaffen. Auch vor uns liegen immer wieder neue Aufgaben und Probleme. In der Schule, beim Schulwechsel, wenn die Eltern streiten, wenn Freundschaften zerbrechen, wenn wir neue Aufgaben übernehmen.
Denkt einmal darüber nach: Wo habt ihr so eine Mutlosigkeit schon erlebt? Wo habt ihr schon solche Angst gehabt wie Josua? Was gab euch dann Mut? Was gab euch dann Kraft? Bildet kleine Gruppen, sprecht darüber und schreibt es auf! Vielleicht könnt ihr Josua wieder Mut ma-

Gruppen- chen, wenn er Briefe von euch bekommt oder ihr ihm sagt, was euch Mut und Kraft gegeben hat.

Gruppen-arbeit: In den Gruppen werden Briefe verfaßt, wobei der Briefanfang vorgegeben ist: »Das hat mir Mut gegeben...« und »Josua, das raten wir dir...«
Nach der Gruppenarbeit musikalischer Rückruf und Vorlesen der Kinderbriefe an Josua. Dabei musikalische Unterlegung mit

Band
instrumental

»Das wünsch ich sehr«

Josua: allmählich zuversichtlicher. Wenn ihr das alle auch schon so erlebt habt, dann will ich es auch wagen. Wenn es so ist, wie ihr es mir geschrieben habt, dann will ich es auch versuchen. Ich werde zu den Ältesten gehen. Ihr habt mir richtig Mut gemacht für meine Aufgabe. Das tut mir gut.

Josua geht ab.

Lied »Gut, daß Gott noch da ist«

3. Szene: Josuas Weg durchs Lager

Durch diese Szene führt der Moderator, Spiel nur pantomimisch.

Moderator: Josua macht sich auf den Weg durch das Lager zum Ältestenrat. Dabei sieht er im Lager welche, die...

verschiedene Szenen beschreiben
Szene a: Israeliten beim Essen
Szene b: Israeliten, die gerade Wasser holen
Szene c: Israeliten, die gerade ein Zelt aufbauen
Szene d: Israeliten, die verschiedenen Hausrat und Textilien reparieren
Szene e: Israeliten, die sich über ihre Zukunft unterhalten

Und immer hört er sie sagen: Ob Josua das kann? Er ist noch sehr jung. Mose wird gewußt haben, was er tat, als er ihn auswählte. Nun ja, ich habe da so meine Zweifel.
Josua sieht ihnen zu. Wenn sie ihn entdecken, schweigen sie entweder betreten oder wenden sich von ihm ab. Josua merkt: Es wird keine leichte Aufgabe sein, dieses Volk zu

führen. Und trotzdem: Er geht weiter, hin zu den Ältesten. Er ruft sie zu sich zum Ältestenrat.

4. Szene: Josua im Ältestenrat

Die Ältesten setzen sich vorne an der Bühne zusammen.

Josua: Gut, daß ihr alle da seid. Vor uns liegt ein schwieriger Weg. Wir müssen vieles besprechen. Manches wird jetzt anders werden, als es bei Mose war. Nur wenn wir zusammenhalten, dann kommen wir durch.

Ältester 1: Stimmt es also, daß Mose dich zu seinem Nachfolger gemacht hat?

Josua: Ja. In seiner letzten Nacht hat er mich zu seinem Nachfolger ernannt. Ich werde euch also in das neue Land führen.

Ältester 2: sehr emotional. Hast du dafür schon einen Plan? Bist du dir überhaupt im klaren darüber, was es heißt, ein Volk zu führen? Weißt du, was das an Arbeit von dir fordert?

Ältester 3: Also wenn ihr mich fragt, ich halte Josua eindeutig für zu jung für diese Aufgabe.

Ältester 1: Wer sagt denn, daß er Gottes Segen bei seiner Aufgabe hat? Woher wissen wir, was der Wille Gottes ist? Woher wissen wir, ob Gott mit ihm ist?

Josua: Ich kann euch nur sagen, was Mose mir gesagt hat. Ihr müßt mir vertrauen. Oder wollt ihr ewig hier bleiben? Mose hat mich ausgesucht, ich weiß nicht warum, aber ich soll euch führen!

Ältester 1: Sag mal, was hast du denn da in deiner Hand? Ist das nicht der Stab des Mose?

Josua: Ja, den hat Mose mir kurz vor seinem Tod gegeben.

Ältester 2: Und hat er dazu etwas gesagt?

Josua: Mose sagte: »Den sollst du von nun an haben. Er ist ein Zeichen dafür, daß Gott mit uns geht. Du wirst ihn tragen, wenn du das Volk in das neue Land führen wirst.« Erinnert euch, wie es war, als Mose diesen Stab trug.

Josua erzählt, wie Mose mit ihm das Zeichen zum Aufbruch aus Ägypten gab, wie er damit das Wasser teilte, wie er Wasser aus dem Felsen holte und wie er sich sein ganzes Leben darauf stützte.
Während der Erzählung rücken die Ältesten wieder näher zu Josua und nicken zustimmend. Gleichzeitig verstärkt die Band die Stimmung positiv mit Melodie: »Das wünsch' ich sehr«

Ältester 1: Das ist wahr, so haben wir es miterlebt. Mose hatte immer seinen Stab dabei. Wenn er ihn dir gegeben hat, dann bist du unser neuer Führer. Du bist von Gott beauftragt. Führe uns in das neue Land.

Ältester 2: Ja, wir wollen dir dienen, wir werden dir gehorchen. Lang lebe unser neuer Anführer Josua! Ich will es dem Volk sagen.

Steht auf, geht zum Volk und ruft es zusammen. Das Volk kommt herbei. Sie verneigen sich, und Josuas Zug mit den Ältesten durch das Lager gerät zu einem Triumphzug für ihn. Die Menschen lachen und freuen sich.

Josua: Gut, daß ihr mir vertrauen wollt. Laßt uns ins neue Land gehen. Bereitet euch auf den weiteren Weg vor.

Das Volk geht in die Zelte zurück und beginnt zu packen.

Lied »Gott zieht vor uns her«

5. Szene: Der Zug zum Jordan

Nach einer Weile gibt Josua das Signal zum Aufbruch. Die Menschen packen ihre Bündel und machen sich auf den Weg. Es ist ein fröhlicher Zug, man merkt es an ihren Schritten. Zug von der Bühne – durchs Zelt – und wieder zur Bühne. Das Volk ist auf der Bühne angekommen. Melodie des vorigen Liedes dazu.

Moderator: Den ganzen Tag waren sie nun marschiert. Am Abend, endlich, da sahen sie den Jordan, den Grenzfluß. Noch eine Nacht, dann würden sie im neuen Land sein. Noch eine Nacht, dann sind sie am Ziel. Sie bauen ihre Zelte für das letzte Nachtlager im alten Land auf. Sie unterhielten sich: Wie wird es wohl sein im neuen Land? Wie werden sie dort leben? Gibt es da auch wirklich genug Platz für alle? Gibt es dort wirklich Ruhe und Frieden?
Da, plötzlich kommt einer der Späher angerannt, den Josua vorausgeschickt hatte. Ganz erschöpft ist er vom schnellen Laufen. Von den Ältesten wird er zu Josua gebracht. Sie versammeln sich.

Josua: Und, was hast du herausgefunden? Was hast du gesehen?

Das Volk sammelt sich im Hintergrund um diese Gruppe.

Späher: Ja, ich habe einen Übergang durch den Fluß gefunden, gar nicht weit weg von hier. Ich bin hinübergegangen und habe das Ufer abgesucht – und da wäre es fast passiert. Beinahe hätten sie mich geschnappt. Ich bin gerade noch davongekommen, weil sie mich nicht gesehen haben. Da waren fünf riesige Kerle, viel größer als wir es sind. Ich habe solche Angst gehabt. Was die wohl alles mit mir gemacht hätten? Ich hätte gegen sie keine Chance gehabt, so groß und stark waren sie. Ich weiß nicht, ob ich da morgen mitgehe. Ich habe Angst.

Ältester 1: Das kann doch nicht wahr sein! Sollte das Land, das uns Gott verheißen hat, wirklich solche Überraschungen für uns bereit halten?

Ältester 2: Wenn ich das so höre, bekomme ich auch Angst. Man kann ja nie wissen, was in einem fremden Land alles passieren kann. Es weiß doch keiner von uns, ob man dort leben kann? Was ist, wenn wir dort nichts mehr zu essen finden?

Ältester 3: Ich weiß nicht, was ihr habt: Gott hat doch gesagt, daß er uns in ein Land führen will, in dem Milch und Honig fließen. Also wird das alles gutgehen. Ich jedenfalls vertraue da ganz und gar auf Gott – und auf Josua.

Ältester 2: Warst du denn schon drüben und hast dir das Land angesehen?

Ältester 3: Nein. Aber noch sind ja nicht alle Kundschafter zurückgekommen. Vielleicht haben die anderen eine bessere Nachricht.

Ältester 2: Glaubst du das wirklich? Wir können uns das gar nicht schlimm genug vorstellen, was uns da alles erwarten kann. Vielleicht werden wir schon morgen alle sterben. Vielleicht auch erst im Winter. Wer von uns kann denn noch einen Acker bestellen oder hat eine Ahnung von Landwirtschaft, wo wir doch so lange in der Wüste gelebt haben?

Ältester 1: Was sagst du nun, Josua? Jetzt sind wir hier, und auf einmal sind unsere Hoffnungen zerbrochen. Es scheint, als hätte uns Gott verlassen.

Ältester 2: Ob uns Gott verstoßen hat? Ich jedenfalls traue mich nicht hinüber in dieses neues Land. Hier in der Wüste weiß ich wenigstens, was mich erwartet. Wahrscheinlich hat Gott vergessen, daß er uns dieses Land geben wollte.

Ältester 1: Wir werden alle elend vernichtet werden, und niemand wird uns retten können. Nein, das ist unser Untergang.

Josua: Ich weiß es auch nicht. Aber meint ihr, Gott hätte uns vierzig Jahre durch die Wüste geführt, um uns jetzt so kurz vor dem Ziel zu vernichten? Wenn er uns zugrunde gehen lassen wollte, hätte er das nicht auch schon viel früher gekonnt? Ihr steht doch unter Gottes Segen! Habt Mut, vertraut Gott.

Doch die meisten sind schon apathisch zur Seite gegangen. Niemand hört mehr auf die Worte des Josua. Die Menschen lagern nun wieder in ihren Familien. Man merkt ihre Enttäuschung und ihre Hoffnungslosigkeit.

Moderator: Das Volk Israel ist verzweifelt. Sollte wirklich alles umsonst gewesen sein, all die Mühen und Strapazen der vergangenen vierzig Jahre? Sollte Gott sie wirklich vergessen haben? Manche im Volk klagten Gott ihr Leid.

Band »Aus der Tiefe rufe ich zu dir«

klingt instrumental im letzten Teil der Szene an. Text kommt dann dazu, so daß eine sehr ruhige Situation entsteht.

Moderator: So wie das Volk Israel damals Gott sein Leid klagte, so wollen auch wir Gott in einem Klagepsalm unsere Sorgen, Nöte und Ängste sagen. Vier Kinder auf der Bühne werden solche Klagen vorbringen, und nach jeder Klage singen wir alle das Lied »Unsere Worte und unsere Gebete«

Psalm Herr mein Gott, oft fällt es mir schwer zu hoffen, oft bin ich verzweifelt, oft weiß ich nicht, wie es weitergehen soll. Herr, gib du mir Hoffnung!
»Unsere Worte und unsere Gebete...«
Herr mein Gott, oft fürchte ich mich. Da sind die Großen, die immer stärker sind. Da gibt es viele, die es meist besser können. Da gibt es viele, die mir immer voraus sind. Herr, gib du mir Kraft!
»Unsere Worte und unsere Gebete...«
Herr mein Gott, oft heißt es: Das kannst du nicht, dazu bist du viel zu klein. Laß das, das machen schon die Großen. So, als ob ich nichts wert wäre und könnte. Herr, gib du mir Zuversicht!
»Unsere Worte und unsere Gebete...«
Herr mein Gott, oft fühle ich mich allein und einsam, wenn Streit herrscht in der Familie, wenn die Freunde oder die Eltern keine Zeit haben für mich, wenn keiner mich mag. Herr, laß du mich nicht allein!
»Unsere Worte und unsere Gebete...«

6. Szene: Der Morgen des Durchzuges

Moderator: So verbrachte Israel seine letzte Nacht in der Wüste zwischen Furcht und Hoffnung. Am nächsten Morgen...

Man sieht Josua abseits auf dem Boden knien. Es scheint, daß er betet. Dann steht er auf und ruft sein Volk zusammen. Mühsam und betont zaghaft kommen die Israeliten. Josua merkt, daß sie nicht wollen, und beginnt mit einer Rede.

Josua: Warum seid ihr so verzagt? Warum traut ihr euch denn nicht? Hat euch Gott nicht aus Ägypten geführt? Hat euch Gott nicht vierzig Jahre lang durch die Wüste geführt und euch aus vielen Gefahren gerettet. Erinnert euch, sein Segen gilt euch. Ihr seid es, die Gott gesegnet hat. Und da sollte er uns jetzt vernichten wollen? Ich weiß, ihr habt Angst. Ihr fragt, was liegt hinter diesem Fluß, der euch wie eine Mauer von eurem neuen Land, eurem neuen Leben abhält. Natürlich habe auch ich Sorgen und Angst. Doch wir haben Gottes Zuspruch, wir haben seinen Segen. Ich kann euch zwar nicht eure Angst nehmen, aber ich weiß: Gott ist mit uns. Darum vertraut auf Gott. Verlaßt euch auf Gottes Segen. Er hat euch noch nie allein gelassen. Kommt, wagt es. Kommt, eure Zukunft wartet auf euch!

Während der Rede sind die Israeliten langsam aufgestanden und haben sich zu einem Zug formiert.

Moderator: Plötzlich entsteht Unruhe auf der anderen Seite des Zuges. Einige Männer drängen sich durch und fordern die anderen auf, Platz zu machen. Einer der Ältesten ist mit dabei und ruft Josua zu:

Ältester 3: Die beiden Kundschafter sind gekommen, auf die wir gewartet haben. Sie bringen gute Nachricht.

Zwei Kundschafter kommen und tragen auf ihren Schultern einen Stock, an dem eine riesige Weintraube hängt.

Josua: Wo kommt ihr her? Und was habt ihr denn dabei?

Kundschafter 1: Wir waren weit im Land. Und wir haben

ein fruchtbares Land gesehen. Riesige Früchte wie diese Weintraube, die wir mitgebracht haben.

Kundschafter 2: Es ist ein schönes Land, so wie es uns versprochen wurde von Gott. Wir gehen gerne ins neue Land. Dort läßt es sich gut leben.

Josua: Habt ihr alle gehört? Wir brauchen keine Angst zu haben, Gottes Segen ist mit uns. Er hält sein Wort. Laßt uns aufbrechen und in das neue Land ziehen.

Josua gibt das Zeichen zum Aufbruch. Das Volk zieht los.

Lied   »Komm, geh mit mir in das Land«

Als Symbol der Grenzüberschreitung blaue Tücher als Fluß legen und beim Überqueren einen Durchgang schaffen.

7. Szene: Im neuen Land

Moderator: Endlich ist das Volk Israel im neuen Land angekommen.

Große Freude herrscht im Volk. Sie umarmen sich vor Freude, sie lachen und beginnen zu tanzen. Josua hält den Stab hoch, und alle werden ruhig.

Josua: Wir sind im neuen Land, das uns Gott versprochen hat. Gott hat uns begleitet mit seinem Segen. Er hat uns nicht verlassen. Wir werden noch viele unbekannte Wege im neuen Land vor uns haben. Aber auch da wird Gott bei uns sein. Laßt uns Gott dafür danken. Laßt uns ein großes Fest feiern, ein Fest der Freude.

Moderator: Die Israeliten haben allen Grund zu feiern. Gott ist mit ihnen, darum feiern sie, darum lachen sie, darum tanzen sie.

Josua ist inzwischen in den Vordergrund gekommen und ruft den Kindern zu.

Josua: Freut euch mit uns. Singt mit, tanzt mit! Alle, die ihr da seid. Freut euch, daß Gott uns immer begleitet.

Lied »Singt und tanzt«

Während des Liedes tanzen die Israeliten einen Kreistanz auf der Bühne, den sie dann hinunter ins Publikum erweitern, so daß alle tanzen, singen und klatschen.

Nach einiger Zeit kehren alle Israeliten wieder auf die Bühne zurück. Josua fordert sie auf, sich zu setzen.

Band *nur noch instrumental, allmählich ausklingen lassen.*

Josua: Wir haben gesungen und getanzt, weil wir fröhlich sind. Laßt uns jetzt ein großes Fest feiern und Gott dafür danken, daß er uns auf allen unseren Wegen begleitet hat und auch begleiten wird. Das hat er uns zugesagt. Kommt, laßt uns das Fest vorbereiten.

Einige Spieler gehen von der Bühne und holen Essen und Getränke. Während des Festes bleiben sie auf der Bühne und feiern dort, nachdem das folgende Lied gesungen wurde.

Lied »Laßt uns feiern, laßt uns lachen«

Moderator: Wir wollen uns mit dem Volk Israel freuen. So laßt uns alle mitfeiern. Helfer bringen jetzt einen kleinen Imbiß, helft mit, daß jeder etwas bekommt.

Austeilen der Brötchen und des Getränks. Gemeinsam wird der Imbiß eingenommen. Anschließend wird ein Dankgebet gesprochen und ein Danklied gesungen.

Lied »Weil Gottes Welt so schön ist«

Moderator: Wir haben gegessen, wir haben getrunken, wir haben getanzt und gefeiert. Wir haben uns mit den Israeliten über die Begleitung Gottes gefreut. Sein Segen hat sie begleitet und sie gestärkt. Am Stab des Mose haben sie erkannt: Gottes Segen gilt immer. Das gab Josua, den Ältesten und dem Volk neuen Mut. Der Stab ist ein Zeichen für Gottes Begleitung, ja für seinen Segen.
Auch ihr bekommt jetzt einen kleinen Stab. Er soll euch Mut machen, wenn ihr ihn anschaut. Er soll euch erinnern: Auch euch begleitet Gott. Vertraut Gott, wenn Unbekanntes vor euch liegt, wenn ihr Angst habt, wenn ihr keinen

Mut mehr habt, wenn ihr glaubt, daß es nicht mehr weitergeht.

Nehmt den Stab als Zeichen für Gottes Segen und Begleitung. Auf dem Stab ist der Aufdruck »Geh mit Gottes Segen« zu lesen. Dazu gibt es ein Lied, das wir für uns und für alle Kinder auf der Welt singen wollen.

Lied »Geh mit Gottes Segen«

Text und Melodie: Johannes Blohm
Rechte: Johannes Blohm, Nürnberg

Sendung

Segen *Beim Auszug der Kinder wird das Lied »Geh mit Gottes Segen« gesungen.*

Ein Bote des Friedens

Bileam (4. Mose 22-24)

Der Kinderkirchentag will den Kindern den biblischen Friedensgedanken nahebringen. Anhand der Geschichte von Bileam erfahren sie, wie Friede durch Segnen (= einander Gutes wünschen und tun) möglich wird.
Für Kinder nachvollziehbare Schritte zum Frieden sind: Vorurteile (Feindbilder) abbauen, einander verstehen lernen, einander verzeihen, miteinander teilen, füreinander einstehen oder miteinander leben.
Die Bileamsgeschichte ermöglicht den Kindern, sich eine Friedensgesinnung durch diese Schritte anzueignen, durch Mitmachaktionen und die Feier eines Friedensfestes einzuüben.

Rollen: Sprechtexte:
– Moderator
– Bileam
– zwei Esel
– Bauer
– König Balak
– Haushofmeister
– drei Falken (= Berater des Königs)
– drei Tauben (= Berater des Königs)
– drei Boten des Königs
– zwei Begleiter Bileams
– Gesandter

ohne Text:
– Volk Israel
– Volk der Moabiter

Material:
– Eselsmasken und graue Umhänge
– Stock des Bauern
– Fernrohr
– Falkenmasken (Gesichtsmaske, Schwert, Helm etc.)
– Taubenmasken (Gesichtsmaske, weißer Umhang)
– zwei Tragen mit Schätzen
– Reisegepäck
– Papyrusrolle und Federkiel
– Kartons/Sitzkartons für die Friedensstadt

Eröffnung

Begrüßung

Gebet

Lied »Dies ist mein Land«

2. An dieser Stelle steht mein Haus,
   hier ruh ich von der Arbeit aus
   und bin mit allem gut bekannt. Dies ist mein Land.

3. Ich hab zu essen und werd satt,
   weil dieses Land viel Früchte hat.
   Geerntet hab ich mit der Hand. Dies ist mein Land.

4. Hier hab ich Freunde mancherlei,
   wir machen Spiele und sind frei,
   wir sind oft außer Rand und Band. Dies ist mein Land.

5. Ich wohne hier in dieser Stadt,
   die Häuser und Paläste hat,
   den Nachbarn freundlich zugewandt. Dies ist mein Land.

6. In jenem Tal, da fließt ein Fluß,
   da schwimme ich mit viel Genuß
   und baue Burgen in den Sand. Dies ist mein Land.

7. Ich laufe gerne durch den Wald,
   will ganz laut rufen, daß es schallt,
   und fröhlich feiern Hand in Hand. Dies ist mein Land.

Text: AK Kinderkirchentag Berlin; Melodie: Lele Jöcker
Rechte: Haus der Kirche, Berlin

Moderator: Ein großes Fest wollen wir heute miteinander feiern. Das fällt uns gar nicht schwer. Wir haben allen Grund dazu, denn uns geht es gut. Auf, laßt uns feiern und fröhlich sein.

Ein Esel kommt von der Seite heran.

Esel: Das geht nicht.

Moderator: Warum soll das nicht gehen?

Esel: Wie kannst du ein fröhliches Fest feiern, wenn nirgends Friede ist.

Moderator: Jetzt übertreibst du aber ganz schön. Du willst uns wahrscheinlich nur unser Fest vermiesen, du alter Esel.

Esel: Nein, will ich nicht. Aber denk doch mal nach, wo überall Krieg herrscht, unter dem Kinder leiden. Denk mal an die Unterdrückung, an die Flüchtlinge. Denk mal an die

Ausländerkinder in der Schule oder auf der Straße. Denk mal an die kranken Kinder. Und dann vergiß die Starken nicht. Wie die mit den Schwächeren umgehen. Wie oft müssen die Kleinen unter den Großen leiden.

Moderator: Du bist ein richtiger Spielverderber. Jetzt habe ich gar keine Lust mehr, ein Fest zu feiern. Was sollen wir jetzt machen?

Esel: Du kannst ja mit den Kindern einmal über den Frieden reden und dann ein Friedensfest feiern.

Moderator: Gar keine schlechte Idee. Aber wie soll ich das denn machen?

Esel: Am besten, du erzählst ihnen dazu eine Geschichte.

Moderator: Da fällt mir so schnell keine ein. Weißt du vielleicht eine?

Esel: Ja. Wir Esel kennen viele Geschichten. Ich schlage dir die Geschichte von dem Propheten Bileam und dem König Balak vor. Die finde ich sehr schön. Vor allem kommen da auch wir Esel vor.

Moderator: Da bin ich aber neugierig.

Zwischenmusik instrumental. Moderator tritt ab, zweiter Esel kommt durch die Kindergruppe.

1. Szene: Ein Esel zuviel

Zwei Esel auf der Weide.

Esel 1: Eine langweilige Sache, hier in der Hitze herumzustehen und nichts zu tun als nur zu fressen. Am besten, ich döse ein bißchen. Ah, was kommt denn da für ein struppiger Esel?

Fremder Esel tritt auf die Bühne.

Esel 2: Ah! Gibt es hier fettes Gras! Hm. – Wie gut das schmeckt! Ein Festfressen nach einem so langen Marsch durch die Steppe.

Frißt gierig.

Oh, da ist ja noch einer.

Esel 1: Wo kommst du denn her? Und wie siehst du denn aus, du struppiges Ding.

Esel 2: Du hast leicht lachen. Wenn ich den ganzen Tag hier fressen könnte wie du, sähe ich ebensogut aus. Aber so muß ich Tag für Tag, von früh bis nacht in der allergrößten Hitze die Lasten meines Herrn durch die Steppe tragen. Da gibt es kein saftiges Gras und frisches Wasser. Eine Schinderei ist das, kann ich dir sagen. Ich bin hungrig und müde.

Esel 1: Wo geht denn eure Reise hin, wenn ich fragen darf?

Esel 2: »In ein Land, wo Milch und Honig fließen«, sagen die Leute im Volk. Ehrlich gesagt, Milch und Honig sind gerade nicht mein Geschmack. Saftiges Gras wie dieses hier, das ist schon etwas anderes. Ich kann mir gar nicht vorstellen, wo das Land liegen soll. Aber mein Herr glaubt fest daran, daß sie eines Tages dieses Land erreichen werden. Denn, so sagt er: »Gott hat es uns versprochen.«

Esel 1: Auf Milch und Honig kannst du lange warten. Komm her, friß dich hier an diesem Gras satt.

Esel 2: Tu ich ja schon. Meinst du, ich kann das ohne weiteres? Das Land gehört doch nicht meinem Herrn.

Esel 1: Tut nichts zur Sache. In diesem Volk, dem das Land gehört, leben reiche Bauern. Kein Wunder bei diesem guten Ackerboden. Friß dich nur satt! Was nicht von uns abgefressen wird, verdorrt sowieso.

Lied   »Die gute fette Weide«

Esel 2: Du bist wirklich gut zu mir. Nicht alle denken so wie du. Schon gar nicht die Menschen. Die nützen einen aus, wo sie nur können. Die schwersten Lasten lassen sie uns tragen, aber zu fressen würden sie uns am liebsten gar nichts geben.

Frißt.

Esel 1: Vorsicht, da kommt einer!

Ein Bauer kommt angelaufen.

Bauer: Ja, was seh ich da! Ein fremder Esel auf meinem Grund. Na warte, dir werde ich's zeigen, du Miststück.

Er hebt einen Stock zum Schlagen auf.

Ich werde dir schon helfen!

Entdeckt das Brandzeichen.

Und zum Volk unserer Feinde gehörst du auch noch. Na warte!

Versucht den Esel einzufangen.

Stimmt's also doch, was die Nachbarn sagen: Die Feinde stehen an unseren Grenzen. Wehe uns. Sie werden es mit uns genauso machen wie mit unseren Nachbarn. Dort haben sie alles kurz und klein geschlagen. Wenn die über uns herfallen, ist alles zu spät. Was wird dann aus unseren Frauen und Kindern, unserem Land, den Weinbergen und den Viehherden? Das muß ich gleich dem König melden. Er muß uns vor den Feinden schützen. Er muß sie mit einem starken Heer verjagen und besiegen. Sonst ist es aus mit uns. Sonst sind wir alle verloren.

2. Szene: König Balak und seine Berater

Balak, seine Berater: Falken und Tauben, Haushofmeister ziehen durch die Reihen der Kinder zur Bühne. Zwischendurch stellt der Moderator die Spieler vor.

Band   *Aufmarschmusik*

Band

Haushofmeister: Seine Majestät König Balak, der Erste.

Tusch, dann...

Melodie »Dies ist mein Land«

Balak: Dies ist mein Land, unser Land. Mit fruchtbaren Äckern, blühendem Handel, reichen Städten und fröhlichen Menschen. Uns geht es gut. Sieh nur, Haushofmeister, was für ein *schönes* Land!

Haushofmeister: guckt durchs Fernrohr, erschrickt. Oh! Feinde. Hunderte. Tausende. Hunderttausende.
Gibt das Fernrohr Balak.

Balak: Oh! Hunderttausende. Feinde – wie Sand am Meer.
Die Berater teilen sich auf in »Falken« und »Tauben«.

Falke 1: Sie werden wie ein Schwarm Ameisen alles Grüne bei uns abfressen.

Falke 2: Sie werden wie eine Herde Büffel auf uns herumtrampeln.

Falke 3: Sie werden unsere Dörfer und Städte zerstören.

Falke 1 Und unsere Weinberge und Felder verwüsten.

Falke 2: Auf, König Balak, kämpfe gegen sie!

Falke 3: Zeig es ihnen, wer hier der Stärkere ist!

Falke 1: Greif sie an! Verjage sie! Angriff ist die beste Verteidigung.

Falke 2: Ruf die Soldaten zu den Waffen!

Falke 3: Rüste das Heer mit den modernsten Waffen aus, dann haben unsere Feinde keine Chance!

Taube 1: Gegen sie zu kämpfen hat gar keinen Sinn.

Taube 2: Sie sind viel zuviele. Sie sind uns überlegen.

Taube 3: Wenn wir uns wehren, wird es uns ergehen wie unseren Nachbarn. Sie weigerten sich, die Feinde durch ihr Land hindurchziehen zu lassen.

Taube 1: Die Feinde baten darum, durch ihr Land ziehen zu dürfen.

Taube 2: Sie versprachen ihnen, beim Durchzug keinen Schaden anzurichten.

Taube 3: Als aber unsere Nachbarn ihnen den Durchzug verweigerten, zerstörten sie alles.

Taube 1: Es bleibt uns nichts anderes übrig, als sie durch unser Land ziehen zu lassen.

Taube 2: Hoffen wir nur, daß alles gut geht.

Balak: Was soll ich tun? Erkläre ich ihnen den Krieg, dann besiegen sie uns; denn sie sind stärker als wir. Kämpfen wir aber nicht, öffnen wir unseren Feinden Tür und Tor. Sie werden mit uns machen, was sie wollen.

Alle Falken: Kämpfe! König Balak, kämpfe!

Alle Tauben: Kämpfe nicht! König Balak, kämpfe nicht!

Alle Falken: Kämpfe! König Balak, kämpfe!

Alle Tauben: Kämpfe nicht! König Balak, kämpfe nicht!

Alle Falken: Kämpfe! König Balak, kämpfe!

Taube 1: Laß doch den Gottesmann Bileam zu dir kommen. Er soll unsere Feinde verfluchen. Ihnen alles Böses wünschen, ihnen sagen, daß Gott nicht mehr auf ihrer Seite steht, sondern mit uns kämpft.

Taube 2: Du wirst sehen, wenn Bileam ihnen ihren Gott stiehlt, verlieren sie den Mut und werden feige.

Taube 3: Dann sind wir stark. Dann wollen wir sie besiegen und verjagen.

Balak: Euer Rat gefällt mir. Holt mir den Gottesmann Bileam her! Koste es, was es wolle. Auf, sammelt Schätze in meinem Volk: Geld, Silber, Gold und Schmuck. Wir wollen Bileam mit Geschenken reich belohnen. Sammelt Schätze und dann holt Bileam her!

Balak und sein Hofstaat ziehen ab.

Lied »Die Tauben bringen den Frieden mit«

3. Szene: Die Botschafter bei Bileam

Bileam zieht mit zwei Begleitern und dem Esel auf die Bühne. Die Boten haben die Tragen mit den Geschenken dabei.

Bote 1: Bileam, wir kommen im Auftrag Balaks, unseres Königs. Er ist in großer Not. Ein riesiges Volk ist aus Ägypten an unsere Grenze gezogen und bedroht uns.

Bote 2: Es will durch unser Land ziehen. Sie werden wie eine Büffelherde alles niedertrampeln, wie Ameisen alles abfressen, unsere Dörfer und Städte zerstören.

Bote 3: Wir sind zu schwach, einen Krieg zu führen. Denn sie sind viel zuviele. Du mußt uns helfen.

Bote 1: Komm zu uns und verfluche unsere Feinde!

Bote 2: Sag ihnen, daß ihr Gott, auf den sie sich verlassen, nicht mehr mit ihnen geht.

Bote 3: Sag ihnen, daß ihr Gott ihnen widersteht und ihnen nur Böses schickt, wenn sie es wagen, gegen uns zu kämpfen.

Bote 1: Dann werden sie feige.

Bote 2: Und wir werden stark.

Bote 3: Dann können wir sie besiegen und von unseren Grenzen vertreiben.

Bote 1: Darum komm, Bileam, hilf uns.

Bileam: Ihr wißt nicht, worum ihr mich bittet. Ich weiß doch nicht, ob das, was ihr wollt, auch Gott will. Ich bin ein Mann Gottes. Ich kann nur das tun, was Gott von mir will.

Bote 1: Bileam, du mußt uns helfen, sonst sind wir alle verloren. Wir bezahlen dir jeden Lohn, wenn du unsere Feinde verwünscht.

Bote 2: Hier, zeigt auf die Trage 1, das alles schenken wir dir, wenn du mit uns kommst und unsere Feinde verfluchst.

Bileam: schaut hinein und staunt über so viel Geld. Oh, so viel Geld! Laßt mir Zeit zum Überlegen.

Boten gehen ab – Bileam allein.

So viel Geld! Ich gehe mit. Was ist das schon, seinen Feinden Böses zu wünschen. Das macht doch jeder.

Schlagzeug   *Trommelwirbel leise – laut, Beckenschlag (Antwort Gottes).*

Bileam: erschrickt, zuckt zusammen, schaut nach oben.
Du bist dagegen? Du hast recht. Du wünschst keinem etwas Böses. Außerdem – warum soll ich mich zwischen zwei Stühle setzen? Warum soll ich mich in fremde Sachen ein-

mischen? Es ist sicher besser, ich halte mich aus der ganzen Sache heraus. *Geht an seinem Esel vorbei.*
Iha! Grins nicht so, du dummer Esel. Was verstehst du schon von meinem Prophetenberuf. Ich meine das ernst, was ich gesagt habe.

Esel: Iha. Iha.

Bote 3: Nun Bileam, hast du es dir endlich überlegt? Komm mit!

Bileam: Nein, mein Gott ist dagegen.

Bote 1: Wie? Du läßt uns im Stich? Das kannst du doch nicht machen.

Bote 2: Sind dir die Geschenke noch zu wenig? *zeigt auf die 1. Trage.*

Bote 3: Daran soll es nicht liegen. Hier! *zeigt auf die 2. Trage.* Auch das gehört dir, wenn du mit uns gehst.

Bileam: *guckt, denkt nach.* Wartet, ich bin gleich wieder da.
Bileam abseits, redet mit Gott.

Lieber Gott, versteh mich doch, so viel Geld kann ich doch nicht einfach sausen lassen. Mit dem Geld kann ich viel Gutes tun für die Armen und Kranken. Ich nehme es wirklich nur für andere. Versteh mich doch! Ich gehe jetzt – ich gehe mit.

Bileam macht sich reisefertig. Kommt zurück zu den Boten.

Abmarsch: Bileam, seine Begleiter und sein Esel ziehen von der Bühne. Die Boten Balaks tragen die Geschenke.

4. Szene: Auf dem Weg zu Balak

Band   »Bileam, Bileam«
instrumental

Bileam auf seinem Esel, seine Begleiter und die Boten Balaks ziehen um die Bühne. Ein Engel – akustisches Signal – tritt in den Weg.

1. Wegsperre

Schlagzeug   *Trommelwirbel leise – laut, Beckenschlag.*

Esel: Iah! *Esel bockt, wirft Bileam ab.*

Bileam: Blöder Esel, kannst du nicht aufpassen. Los. Weiter.

Lied   »Bileam, Bileam, hör auf deinen Esel«

Bileam und Begleiter ziehen weiter zur Musik, bis zur 2. Wegsperre.

Refrain: Bi-le-am, Bi-le-am, hör' auf deinen E-sel! Bi-le-am, Bi-le-am, hör' auf deinen E-sel.

Strophe: 1. Es war vor Jahren ein Prophet, den ließ der König suchen. Er sollte hoch auf einem Berg ein fremdes Volk verfluchen.

2. Das Volk kam von Ägypten her und lagert in den Ebnen. Der König sprach: "Wir sind zu schwach! Die Fremden sind verwegen!"

3. Und Bileam war ein Profet, der machte, was man wollte. Nur an den Esel dacht er nicht, der tat nicht wie er sollte.

4. Er blieb von selbst im Wege steh'n und wollte nicht mehr weiter. "Du Biest!" schrie Bileam. "Geh' los!" Der Esel war gescheiter.

5. Er sah den Engel Gottes an, der stand vor ihm im Wege. Nur Bileam, der sah ihn nicht und gab dem Esel Schläge.

6. Da sprach der Esel: "Du. Profet, ich werd' nicht gern verdroschen. Gott sagt dir was!" Und endlich fiel bei Bileam der Groschen.

7. Da stieg er auf den hohen Berg und sprach mit Gott im Stillen. Er fluchte nicht, er segnete und tat nach Gottes Willen.

Text und Melodie: Joachim Ritzkowsky
Rechte: Joachim Ritzkowsky, Berlin

Schlagzeug *Trommelwirbel leise – laut, Beckenschlag.*

Esel: Iha! *Esel bockt, wirft Bileam ab.*

Bileam: Jetzt reicht's mir aber. Ich will dir deinen Lohn schon geben, du störrisches Vieh! *Schlägt auf den Esel ein.* Auf, weiter!

Lied »Bileam, Bileam hör auf deinen Esel«

Bileam und Begleiter ziehen weiter, bis zur 3. Wegsperre.

Schlagzeug *Trommelwirbel leise – laut, Beckenschlag*

Esel: Iah! *Bockt, wirft Bileam wieder ab.*

Bileam: Du elendes Miststück. Du hältst mich wohl zum Narren? Gleich bringe ich dich um!

Begleiter 1: Halt! Bileam, tu es nicht. Der Esel kann nichts dafür. Er hat dir in so vielen Jahren treue Dienste erwiesen.

Begleiter 2: Gott ist gegen dich und gegen diese Reise! Gott will nicht, daß du anderen Böses wünscht und sie sogar verfluchst.

Bileam und seine Begleiter bleiben auf der Bühne, gehen in den Hintergrund.

5. Szene: Bei König Balak

Band *Aufmarschmusik*

Balak und sein Hofstaat ziehen auf die Bühne.

Haushofmeister: Seine Majestät, König Balak der Erste.

Band *Tusch*

Haushofmeister: König Balak, das ist der Gottesmann Bileam. Er ist gekommen, um unseren Feinden Böses zu wünschen, wie du es von ihm willst.

Balak begrüßt Bileam.

Balak: Bileam, willkommen in unserem Land. Nur du kannst uns helfen. Ich weiß, wen du segnest, der ist gesegnet. Wen du verfluchst, dem geht es schlecht. Wünsche unseren Feinden alles Böse, damit sie Angst bekommen und feige werden! Dann sind wir stark. Dann werden wir gegen sie kämpfen und sie besiegen. Dann werde ich dir reichen Lohn bezahlen. Alle diese Geschenke will ich dir geben, wenn du unsere Feinde verfluchst!

Bileam: Ich weiß nicht, was ich tun soll. Gott ist gegen deinen Plan. Auf der Reise hierher hat er mich dreimal gewarnt. Ich kann und will nichts gegen seinen Willen tun. Laßt mich! Ich muß überlegen.

Bileam geht überlegend auf und ab.

Esel: Da müssen die noch lange überlegen. Dabei ist es doch so einfach. Die Kinder wissen es, nur der Prophet, der König und seine Leute wissen es nicht.

Bileam: *kommt an dem Esel vorbei.* Grins nicht so. Sag mir lieber, was ich jetzt machen soll!

Esel: Frag doch die Kinder. Die können dir sicher helfen.

Bileam: *wendet sich zu den Kindern.* Ich frage euch: Was soll ich jetzt tun? Könnt ihr mir einen Rat geben? Was macht ihr denn, wenn ihr miteinander streitet oder wenn euch jemand bedroht?
Sprecht darüber in euren Gruppen. Eure Helfer schreiben eure Ratschläge auf. Ich bitte euch, macht mir Vorschläge, was ich jetzt tun soll.

Bileam setzt sich, geht dann nach einiger Zeit von der Bühne.

Gesprächs-gruppen:

Sprecher: Helfer kommen jetzt zu euch mit Papierrollen und Stiften. Sprecht zuerst darüber, was ihr macht, wenn euch ein Stärkerer bedroht. Die Helfer in eurer Gruppe schreiben eure Antworten unter die Überschrift: Wir machen.... Und dann überlegt miteinander, welchen Rat ihr Bileam geben wollt. Auch das schreiben eure Helfer auf.

Helfer tragen in Kartons die Tapetenrollen und Stifte in die Kindergruppen.

Band

Instrumentalmusik, am Ende der Gesprächsphase musikalischer Rückruf der Kinder mit Melodie

»Bileam, Bileam, hör auf deinen Esel«

Sprecher: Sicher habt ihr viele gute Ratschläge für Bileam aufgeschrieben. Solange Bileam noch nachdenkt, sammeln wir eure Ratschläge ein. Gebt die Rollen den Helfern, die bei euch in der Nähe stehen. Die bringen sie hierher zu mir.

Helfer sammeln die Rollen und Stifte ein, tragen sie in Kartons gebündelt zur Bühne.

Sprecher: Hört, welchen Rat Kinder aus eurer Mitte Bileam geben.

Helfer: lesen vor.
5 x Antworten zum Stichwort: Wir machen...
5 x Antworten zum Stichwort: Wir raten...

6. Szene: Bileam segnet

Am Ende der Kinderantworten kommt Bileam auf die Bühne.

Bileam: Ich hab's! Ich weiß jetzt die richtige Antwort: Ich werde *beide* Völker segnen: Zum Segnen bin ich gekommen und nicht zum Fluchen. Gott meint es gut mit euch allen. So segne ich euch alle:
– Gott schützt euer Leben. Darum zerstört es nicht durch Krieg und Gewalt.
– Gott sorgt für euch alle, daß ihr jeden Tag genug zu essen und zu trinken habt.

Darum streitet nicht miteinander, wem was gehört.
– Gott läßt genug für euch alle wachsen. Darum teilt miteinander. Dann herrscht Friede zwischen euch.
– Gott will Frieden auf Erden, unter allen Menschen. Darum unterdrückt die Schwächeren nicht. Gott will, daß ihr gut zueinander seid.

Während der Rede Bileams kommt der Esel aus dem hinteren Bereich der Bühne in den vorderen Bereich.

Esel: Na, so neu ist Bileams Entdeckung auch wieder nicht. Das habt ihr Kinder doch auch schon gesagt.

Esel geht kopfschüttelnd wieder in den hinteren Bühnenbereich.

7. Szene: Bileam berät Balak

Balak: Bileam, was soll ich jetzt tun?

Bileam: Ihr und das fremde Volk an euren Grenzen seid gesegnet. Gott meint es gut mit euch beiden! Schicke Boten mit einer Friedensbotschaft aus und schließe einen Friedensvertrag. Wenn ihr euch und die anderen sich an den Vertrag halten, wird es keinen Krieg zwischen euch geben.

Balak: Sie werden auf mein Friedensangebot nicht eingehen. Zu groß ist das Mißtrauen zwischen uns.

Bileam: Mache *du* den ersten Schritt! Schenke du ihnen dein Vertrauen. Gehen sie auf deinen Vorschlag ein, dann feiert miteinander ein großes Fest, bei dem sich dein Volk und das fremde Volk kennenlernen und Freunde werden.

Balak: Bileam, hör auf. Mir brummt der Kopf. Mir wird es ganz schwindelig, wenn ich daran denke, was deine Friedenspläne kosten. Wer soll das alles bezahlen?

Bileam: Das Geld dazu hast du doch schon:

1. Brauchst du dein Geld nicht in die Waffen und den Krieg zu stecken.

2. Ersparst du dir den Wiederaufbau der im Krieg zerstörten Städte und Dörfer.

3. Wohnt ihr in einem fruchtbaren Land, in dem Gott so viel wachsen läßt, daß es für alle reicht, für euch und das fremde Volk.

4. Will ich deine Geschenke nicht. Ich habe ja deine Feinde nicht verflucht, wie du es von mir verlangt hast.

Balak: Bileam, jetzt überzeugst du mich. Friede ist besser als Krieg! Gott will den Frieden zwischen uns nicht. Gott hat uns mit fruchtbarem Land so reich gesegnet, daß wir miteinander teilen und friedlich zusammenleben können, ohne selber bettelarm zu werden.

Bringt mir Papyrusrolle und Federkiel! Ich will an den König des fremden Volkes einen Brief schreiben und ihm ein Friedensangebot machen.

Boten kommen, Balak schreibt.

Geht, beeilt euch! Bringt diesen Brief auf dem schnellsten Weg zum König unserer Feinde.

Boten eilen durch die Reihen der Kinder.

Lied »Sing das Lied vom großen Frieden«

Boten kehren mit Gesandten des anderen Volkes zurück.

Gesandter: König Balak, wir nehmen dein Friedensangebot an. Auch wir wollen den Frieden mit euch. Wir feiern gern mit euch das Friedensfest.

Balak: *springt auf.* Habt ihr das gehört? Sie wollen Frieden mit uns. Sie wollen unsere Freunde sein. Wir brauchen keine Angst mehr vor ihnen zu haben. Das muß gefeiert werden mit einem Friedens- und Freundschaftsfest. Wir teilen miteinander Essen und Trinken und wissen: Gott meint es gut mit uns allen.

zu den Kindern Und ihr Kinder feiert alle mit!

Esel: *kommt wieder etwas weiter nach vorne.* Iah! Na, endlich haben sie es kapiert. Ich wünsche euch noch viel Freude und Spaß bei euerem Fest. Iah. Iah. Iah.

Esel geht nach hinten ab.

8. Szene: Das Friedensfest

Moderator: Das lassen wir uns nicht zweimal sagen. Natürlich feiern wir gerne mit: mit Singen und Klatschen, mit Tanz und Bewegung, mit Essen und Trinken und Fröhlichsein. Auf, laßt uns feiern, laßt uns lachen, laßt uns fröhlich sein.

Lied »Wir fangen an, fröhlich zu sein«

Moderator: Helfer kommen jetzt zu euch und teilen euch Essen und Getränke aus. Nehmt es, teilt miteinander, eßt und trinkt. Essen und Trinken sind wichtig für unser Leben. Essen und Trinken sind Zeichen dafür, daß Gott für uns sorgt. Miteinander essen bedeutet: Wir sind Freunde.

Band *Instrumentalmusik*

Austeilen von Essen und Trinken, das Fest feiern.

Band *Instrumental, Rückruf der Kinder*

Kanon »Danket, danket dem Herrn«

9. Szene: Wir stiften Frieden

Moderator: Wir haben miteinander gegessen und getrunken. Wir haben miteinander geredet und geteilt. Wir haben miteinander gesungen und uns gefreut. Als Freunde feiern wir miteinander das Friedensfest.

Friede ist unter uns, wenn einer dem anderen Gutes wünscht. Wie Bileam. Er verzichtete auf Gewalt, er übte keine Rache, er bat um Versöhnung, er wünschte seinen Feinden Gutes, er segnete sie.

Laßt uns Friedensstifter sein,
– die Streit nicht mit Schlägen lösen,
– die ihren Feinden nichts Böses wünschen,

– die dem anderen wieder die Hand reichen und sagen: »Du, ich will wieder gut zu dir sein, ich will dein Freund sein.«

Wir denken jetzt an alle, über die wir uns in der letzten Woche geärgert haben. Wir wollen ihnen verzeihen und ihnen Gutes wünschen. Wir senden ihnen einen Friedensgruß.

Lied »Wir fassen uns ein Herz«

Moderator: Nach Frieden sehnen sich alle Menschen. Doch noch herrscht Unfriede und Streit, noch wünschen Menschen anderen Böses, noch führen Völker miteinander Krieg. Eines Tages wird Gott sein Friedensreich auf Erden errichten. Dann wird es kein Leid, kein Unrecht und keinen Krieg mehr geben. Darauf warten wir, daß in jeder Stadt und in jedem Land Friede einkehrt. Davon träumen wir.

Lied »Ich weiß eine Stadt«

Mitmach- Wir bauen eine Friedensstadt.
aktion:

Moderator: Wie schön muß es sein, in einer Stadt zu leben, in der es friedlich zugeht, in der Menschen aufeinander Rücksicht nehmen, die Kinder Platz zum Spielen finden, junge Leute den Alten helfen und Gesunde sich um die Kranken kümmern.
Eine solche Friedensstadt wollen wir jetzt mit den Sitzkartons bauen. Jede Gruppe baut ihre Stadt. Alle passen auf, daß sie kein Haus, keine Kirche, keine Schule oder Krankenhaus zerstören; denn es ist ja eine Friedensstadt. Unsere Friedensstadt braucht keine Türme, weder zur Bewachung noch zur Befestigung.

Kinder bauen die Friedensstadt.

Lied »Komm, bau ein Haus, das uns beschützt«

Moderator: Eine Friedensstadt haben wir gebaut. Ein Friedensfest haben wir gefeiert. Nun kommt es darauf an,

daß wir Frieden hinaustragen auf die Straße, in unsere Familien, in die Schule, auf den Spielplatz und überallhin, wohin wir gehen. Wünscht Gutes, nicht Böses! Stiftet Frieden, nicht Streit! Dazu wünsche ich euch Gottes Segen:
Er segne euch und behüte euch, er gebe euch allen seinen Frieden. Amen. Diesen Wunsch geben wir einander weiter. Wir fassen uns an den Händen und sprechen zueinander: »Du, ich wünsch dir Gottes Segen. Ich wünsche dir Frieden.«

Alle: Du, ich wünsch dir Gottes Segen. Ich wünsche dir Frieden.

Lied   »Gehn wir in Frieden«

Text und Musik: aus Südafrika

Sendung

Segen

Elia, ein Prophet Gottes, tritt mutig und unter Lebensgefahr für das 1. Gebot ein. Sein Name klingt wie ein Kampfruf: »Eli-Ja« – »Mein Gott ist Jahwe (allein).« Er erlebt Niederlagen und Siege in seinem Kampf gegen den Götzenkult des heidnischen Fruchtbarkeitsgottes Baal. Doch Gott greift immer wieder ein und verhilft Elias Botschaft »Gott allein ist der Herr« zum Sieg. Eingebettet ist Elias Einsatz für Gott in die Geschichte von der Witwe Hanna und ihrem Sohn Benjamin. Sie geraten in allergrößte Not. Als es so aussieht, daß alles aus ist, erfahren sie die Fürsorge Gottes, so wie Elia es ihnen gesagt hat.

Die Kinder erleben die Angst und das Hoffen von Hanna und Benjamin mit und werden durch sie in ihrem eigenen Vertrauen auf Gott bestärkt.

Rollen: Sprechtexte:
– Moderator
– Prophet Elia
– Witwe Hanna
– Benjamin, Hannas Sohn
– Bauer Simon
– König Ahab
– Isebel, Ahabs Frau
– Minister
– Kaufmann Daniel
– drei Priesterinnen des Baal

ohne Text:
– zwei Soldaten

Material: – Krüge für Mehl und Öl
– Spielreifen
– zwei Throne
– Soldatenausstattung
– Säule mit Baalsfigur
– dürre Aststücke

Eröffnung

Begrüßung

Gebet

Lied   »Der Himmel geht über allen auf«

1. Szene: Die Hungersnot

Die Witwe Hanna sitzt müde auf einem Stein. Sie schaut immer wieder in den Ölkrug und in ihren Mehltopf. Traurig stützt sie den Kopf in die Hand. Ihr Sohn Benjamin spielt mit einem Reifen und kommt näher.

Benjamin: Mutter, Mutter.

Benjamin spielt weiter. Hanna hört ihn nicht rufen.

Benjamin: Mutter, hörst du nicht?

Hanna: seufzt. Ach, Benjamin.

Benjamin: Mutter, ich habe Hunger. Gibst du mir etwas zu essen?

Hanna: Ach, Benjamin.

Benjamin: Und Durst habe ich auch. Gibst du mir zu trinken?

Hanna verbirgt das Gesicht in den Händen. Benjamin hört auf zu spielen und kommt näher.

Benjamin: Was ist denn, Mutter? Du bist traurig. Ist das wegen mir?

Hanna: Nein, Benjamin. Aber schau selbst.

Sie hält ihm den Krug und den Topf hin. Benjamin schaut hinein, nimmt die Gefäße in die Hand und wendet sich dem Publikum zu.

Benjamin: Nur noch so wenig! zur Mutter. Ist das alles, was wir noch haben?

Hanna steht auf, nimmt ihm die Gefäße ab.

Hanna: Gib acht, daß du den Rest nicht noch verschüttest. Das ist alles, was wir noch haben. Ach, immer muß ich sparen. Es reicht hinten und vorne nicht mehr.

Benjamin: Haben wir dann nichts mehr zu essen?

Hanna: Nein, Benjamin.

Benjamin: Warum eigentlich? *setzt sich.* Früher hattest du immer ein Brot, wenn ich hungrig war.

Hanna zeigt nach oben, wendet sich von Benjamin ab, spricht ins Publikum.

Hanna: Da. Da oben. Die Sonne. Nur noch Sonne. Der Himmel – immer blau, selten eine Wolke. Fast nie mehr Regen.

Benjamin: Es ist so heiß. *wischt sich die Stirn ab; trotzig.* Ich will jetzt etwas trinken.

Hanna: In diesem Jahr ist fast alles vertrocknet. Alles verbrannt. Die Erde ist steinhart und rissig. Fast kein Halm mehr, kein Korn, kein Brot, das Wasser ist knapp. O Gott, *verbirgt das Gesicht in den Händen,* was soll bloß werden?

Benjamin: *ärgerlich.* Mutter, ich habe Hunger. Ich will jetzt etwas essen!

Hanna schweigt. Ein Bauer steigt mit schweren Schritten die Bühne herauf; Benjamin schaut erwartungsvoll auf.

Benjamin: Mutter, schau mal. Kennst du den Mann?

Hanna: Das ist der reiche Simon. Er ist Bauer in Galiläa. Der hat viele Felder und große Vorratshäuser. Er ist ein guter Mann. Lauf Benjamin. Bitte ihn um etwas Korn für uns.

Benjamin läuft dem Bauern entgegen.

Benjamin: Schalom, Simon.

Simon geht mit schweren Schritten an Benjamin vorbei.

Simon: Halt mich nicht auf, Junge.

Benjamin hält ihn am Ärmel fest.

Benjamin: Simon, Bauer Simon! Ich soll dich von meiner Mutter grüßen. Hast du ein Säckchen Getreide für uns?

Simon: ärgerlich. Halt mich nicht auf! Ich muß weiter!

Benjamin: Simon, die Mutter weint. Wir haben nichts mehr zu essen.

Simon bleibt stehen.

Simon: Wer ist denn deine Mutter?

Benjamin deutet auf die Mutter, die reglos ihr Gesicht in den Händen verbirgt.

Benjamin: Dort sitzt sie.

Simon: Hanna, du bist es, die Witwe?

Simon geht auf sie zu.

Ich habe dich lange nicht gesehen – seit dein Mann gestorben ist.

Hanna hält ihm bittend die Gefäße entgegen.

Benjamin: Schau, Simon. Nur noch eine Handvoll Mehl ist im Topf. Der Ölkrug ist fast leer.

Simon schaut und deutet zum Himmel.

Simon: Da, die Sonne. Keine Wolke. Kein Regen. Die ganze Ernte ist kaputt. Ich habe selber nichts mehr, Hanna. Ich kann euch nichts geben. Es tut mir leid. Ich muß an den Hof unseres Königs Ahab. Der Kaufmann Daniel hat mich verklagt, weil ich ihm die Schuld von zehn Sack Gerste nicht geben konnte. Es wächst ja nichts bei dieser verdammten Dürre.

Simon geht weiter, von der Bühne ab. Hanna und Benjamin bleiben verzweifelt zurück.

Hanna: Komm, Benjamin. Uns kann keiner mehr helfen. Laß uns Gott unser Leid klagen. Er hört uns bestimmt.

Stimmt Klagepsalm an.

Mein Gott, mein Gott, warum geht es uns so? Ich finde keine Ruhe mehr. Angst befällt mich. Das Land vertrocknet im Sand. Mein Gott, warum? Hilf uns Gott aus unserer Not.

Lied »Ich möcht, daß einer mit mir geht«

Hanna und Benjamin gehen beim Lied in den Bühnenhintergrund.

2. Szene: Am Hofe von König Ahab

Fanfaren künden den Aufzug des Königs an. Simon kommt von der anderen Seite auf die Bühne und bleibt am Rande stehen.

Simon: König Ahab hält heute Gericht. Ich muß vor ihn treten. Betet für mich zu Jahwe, daß ich mein Recht bekomme.

Fanfaren wiederholen. Soldaten stellen zwei Throne und eine Styroporsäule auf und postieren sich, einer mit Waffe, der andere mit einer Fahne links und rechts der Throne. Ein Minister inspiziert die Vorkehrungen. Fanfaren wiederholen. Der Minister ruft ins Publikum.

Minister: Seine Majestät, König Ahab, hält heute Gericht. Es lebe König Ahab und unsere Königin Isebel.

Einzugsmusik. Eine Prozession schreitet auf die Bühne: Voraus geht eine Priesterin mit hohem spitzem Hut und trägt eine Weihrauchschale; ihr folgen zwei weitere Priesterinnen und tragen eine Baalsfigur, die sie auf die Säule stellen. Danach ziehen König und Königin ein und nehmen Platz. Beim Ende der Musik kommt der Kaufmann Daniel auf die Bühne.

Minister: Lang lebe unser König Ahab. Seine Weisheit ist unübertroffen. Seine Güte hilft den Schwachen. Sein Zorn bestraft die Schuldigen. Lang lebe unser König Ahab!

Alle verneigen sich.

Alle: Lange lebe unser König Ahab.

Minister: Der Kaufmann Daniel aus Sichem hat einen Rechtsstreit mit dem Bauern Simon. Der Kaufmann Daniel und der Bauer Simon sollen vor dem König erscheinen.
Beide gehen zum Thron und werfen sich vor Ahab nieder.

Ahab: Steht auf! Du, Daniel, bringe deine Klage vor.

Daniel: Ich habe dem Bauern Simon vor mehr als einem Jahr fünf Minen Silber geliehen, damit er sich den Acker im Bärengrund vor der Stadt kaufen konnte. Wir haben einen Vertrag gemacht. Da ist er.
Daniel hält ein Stück Pergament in die Höhe.

Und in diesem Vertrag steht, daß mir Simon jedes Jahr am Neujahrsfest eine Mine Silber zurückzahlen muß. Und als Zins für das geliehene Silber muß er mir jedes Jahr in der Erntezeit zehn Säcke Gerste geben, bis alle Schulden bezahlt sind. Das Silber hat er zurückgezahlt. Aber die zehn Sack Gerste ist er mir schuldig geblieben.

Ahab: Stimmt das, Simon?

Simon: Ja, Herr.

Ahab: Warum kommt ihr dann zu mir? Das ist doch ein klarer Fall für den Dorfältesten oder für den Richter von Samaria. Wenn du nicht zahlen willst, Bauer Simon, so wie es in eurem Vertrag steht, dann muß dein Haus verkauft werden oder deine Felder.
Elia kommt während der Rede Ahabs langsam näher. Er steht auf einem kleinen Podest unterhalb der Bühne im Publikum. Schweigend hört er zu.

Simon: empört. Aber ich bin doch nicht schuld! Ich habe gemacht, was ich konnte. Ich habe den besten Samen gesät. Ich habe meine Äcker sorgfältig gepflügt. Ich habe gearbeitet von morgens bis zum Dunkelwerden. Ich habe auch zu Gott gebetet. Ich habe ihm einen schönen Schafbock zum Opfer versprochen, wenn er mir viel Gerste wachsen läßt. Aber Gott hat meine Gebete nicht erhört. Er hat meine Äcker nicht gesegnet. Ich hatte fast keine Ernte, nur gerade soviel, daß meine Familie und ich nicht hungern mußten. Ich habe nichts mehr übrig. Darum konnte ich auch dem Kaufmann Daniel die zehn Sack Gerste nicht geben.

Minister: Das stimmt. Die Felder haben bei der letzten Ernte kaum etwas gebracht.

Daniel: Das ist mir egal. Wir haben einen Vertrag geschlossen. Ich will haben, was mir zusteht.

Simon zuckt die Schultern und läßt den Kopf hängen.

Isebel: Du bist nicht schuld, Bauer!

Minister: Ich muß die Königin Isebel bitten zu schweigen. Sie darf sich nicht einmischen. König Ahab spricht Recht.

Isebel läßt sich nicht beirren.

Isebel: Du bist nicht schuld, Bauer Simon. Und natürlich auch du nicht, Kaufmann Daniel. Keiner ist schuld. Aber dumm seid ihr, alle miteinander.

Sie steht auf und stellt sich vor Ahab.

Minister: *ärgerlich.* König Ahab hält hier Gericht, nicht die Königin Isebel.

Isebel: Auch du bist ein dummer Schwätzer, verehrter Herr Minister. Wenn du und alle Ratgeber des Königs es nicht wissen, dann muß ich es euch eben sagen. Schaut mich an, ihr Leute aus Israel.

Wendet sich dem Publikum zu und spricht dorthin.

Schaut mich an, ihr alle! Ich komme nicht aus diesem armseligen Land. Als Ahab mich geheiratet hat, holte er mich aus einem reichen Land. In meinem Land haben die Bauern fünfmal so große Scheunen. In meinem Land wächst fünfmal soviel Korn, fünfmal soviel Zwiebeln, fünfmal soviel Früchte wie in Israel. Die Schiffe meines Vaters bringen alle Schätze der Erde herbei. Du, Minister, müßtest es doch wissen, du hast es ja selber gesehen. – Und wißt ihr, warum mein Land so reich ist? Weil wir den richtigen Gott haben!

Schaut hochmütig von einem zum anderen.

Euer Gott heißt Jahwe. Er ist ein Gott der Wüste. Er wohnt auf dem Berg Sinai. Vielleicht ist Jahwe ein guter Gott für die Nomaden, die in der Wüste leben. Aber für die Bauern ist er ein schlechter Gott. Wie soll denn ein Wüstengott Korn wachsen lassen können? Oder Wein? Oder Früchte? Das alles gibt es ja in der Wüste gar nicht. Euern Gott könnt ihr vergessen. Unser Gott Baal, der kann es. Baal ist der Gott der grünen Wiesen. Baal ist der Gott des Regens. Baal läßt Gerste wachsen, Bauer Simon. Und Weizen. Und Feigen. Jawohl, an ihn hättest du dich wenden müssen.

Elia: Der Gott Israels heißt nicht Baal, sondern Jahwe.
Jahwe hat uns aus der Sklaverei in Ägypten befreit.
Jahwe hat uns durch das Meer geführt.
Jahwe hat mit uns am Berg Sinai einen Bund geschlossen.
Jahwe hat uns dieses Land gegeben.
Jahwe ist uns treu gewesen bis heute.

Isebel: heftig zu Elia. Was hast du hier zu suchen. Halt deinen Mund. Hier redet nur der König. Er spricht Recht. Also schweige.

Elia: Es ist nicht recht, wenn wir unseren Gott verlassen und zu anderen Göttern beten.

Isebel: Du hast hier überhaupt nichts zu sagen. Wer erlaubt dir überhaupt, dich einzumischen.

Minister: ärgerlich. Halte endlich den Mund. König Ahab hält hier Gericht.

Elia: Ich lasse mir nicht den Mund verbieten. König Ahab, ich warne dich. Jahwe ist der Gott unserer Väter. Es ist nicht recht, wenn du diesen Reden der Königin nicht widersprichst.

Isebel: wendet sich an Ahab. Sag, wer ist dieser Wirrkopf. Willst du ihn nicht zum Schweigen bringen?

Elia: Ich bin Elia, ein Prophet Jahwes. Mein Gott ist Jahwe allein! Er ist auch euer Gott!

Isebel: Das hast du überhaupt nicht zu bestimmen. Wer hat hier überhaupt zu befehlen? So ein hergelaufener Wirrkopf oder der König?

Minister: Der König hat zu bestimmen. Er hält Gericht hier!

Isebel: Baal hat zu bestimmen. Baal ist unser Gott!

Priesterinnen: Baal ist unser Gott. Baal. Baal.

Daniel: Ja, Baal ist unser Gott. Das ist doch klar.
Simon kratzt sich am Kopf; spricht zum Publikum.

Simon: Ich glaube, ich habe zum falschen Gott gebetet. Ich habe dem falschen Gott geopfert. Jahwe ist der Gott der Wüste und der Nomaden. Er versteht nichts vom Ackerbau. Ich stimme auch für Baal.

Isebel: zu Ahab. König Ahab, ich wünsche, daß du unserem Gott Baal endlich einen Tempel baust und einen Altar. Und ihr alle, sagt den Bauern im Land: Opfert dem Baal. Tanzt und singt ihm zur Ehre. Ihr werdet sehen, dann fällt Regen auf eure Felder. Ihr werdet Weizen in Fülle haben.

Ahab steht auf und schiebt Isebel zur Seite.

Ahab: Das mit dem Tempel werde ich mir überlegen.

zu Elia.

Zuerst muß ich ein Wörtchen mit dir reden. So wahr ich Ahab, König von Israel bin: Elia, ich verbiete dir, solche Reden zu führen. Jahwe war unser Gott in der Wüste. Hier im fruchtbaren Land kann er uns nicht mehr helfen. Hier ist Baal unser Gott. Darum schweige und sei friedlich.

Elia: König Ahab, laß dich warnen. Isebel täuscht dich. Baal ist ein toter Götze. Verlasse nicht Jahwe, den lebendigen Gott. Er allein kann uns mit Brot und Wasser versorgen.

Ahab: Schweig, sage ich!

Elia: Höre, König! Ich habe eine Botschaft für dich, ein Wort des Gottes Israel: So wahr Jahwe lebt, es wird in diesem Jahr und im nächsten Jahr und alle folgenden Jahre nicht regnen, bis Jahwe dem Regen wieder befiehlt, auf die Erde zu fallen!

Ahab: Jetzt ist es genug. Los packt ihn und nehmt ihn gefangen!

Isebel: Ja, packt ihn! Und dann verprügelt ihn anständig.

Soldat läuft los. Elia geht mit schnellen Schritten, jedoch ohne Hektik ab.

Ahab: *ruft ihm nach.* Ich lasse dich auspeitschen und ins Gefängnis werfen, wenn du noch einmal gegen mich redest.

Isebel: Laß regnen, Baal!

Die Priesterinnen verneigen sich vor Baal und huldigen der Statue.

Priesterinnen: Laß regnen, Baal! Laß regnen, Baal!

Ahab: Ich bin müde. Laßt uns in den Palast zurückkehren.

Fanfaren wiederholen. Ahab und sein Gefolge ziehen ab.

Minister: Es lebe unser König Ahab. Seine Weisheit ist unübertroffen. Seine Güte hilft den Schwachen. Sein Zorn bestraft die Schuldigen.

Der Bauer Simon verläßt schnell die Bühne. Der Kaufmann Daniel versucht, den Minister aufzuhalten.

Daniel: Halt doch, wir sind nicht fertig. Wo bleibt mein Recht? Was ist mit meiner Gerste?

Minister: Was willst du noch? Du siehst, der Gerichtstag ist zu Ende. Nächste Woche kannst du wieder kommen und dein Anliegen vorbringen. Jetzt geh!

Der Minister wendet sich entschieden ab und geht den anderen nach in den Palast.

Daniel: Ungerecht ist das! Simon der Bauer ist auf und davon.

Läuft von der Bühne aus ihm nach.

Simon, na warte, ich hole mir meine Gerste. Ich erwische dich schon noch.

Hanna: O Gott, im Himmel. Wohin soll das führen? Was soll nur aus uns werden?

Rafft Krug und Topf auf und geht ab.

Benjamin: nörgelnd hinterher. Mutter, es ist so heiß. Ich will etwas trinken. Mutter, warte doch! Ich habe Hunger.

Lied　　　　»Menschenbrückenlied«

Gemein-　　*Moderator*: Hanna und Benjamin geht es schlecht. Sie ha-
schaftsaktion:　ben fast nichts mehr zu essen. Kein Mensch kann ihnen helfen. Und Elia ist davongelaufen. Überlegt. Was kann Elia jetzt tun? Was sollen Benjamin und Hanna tun? Schreibt eure Vorschläge und Antworten auf einen Brief und bringt die Briefe zu uns auf die Bühne.

Die Kinder schreiben auf Blätter: »Lieber Elia, wir raten Dir...« bzw. »Liebe Hanna, lieber Benjamin, wir raten Euch...« Band spielt Musik zur Sammlung. Moderator liest einige Briefe vor.

Lied »Eine freudige Nachricht breitet sich aus«

3. Szene: Die Fürsorge Gottes

Elia sitzt zusammengekauert am Bühnenrand. Hanna liest Holz auf und führt ein Selbstgespräch. Ab und zu schaut sie hinauf zum Himmel; sie redet nach oben.

Hanna: Das hast du davon, Gott Israels. Meinst du, die Menschen ehren dich, wenn du sie so hungern läßt? Verhungern! Verdursten! Wem nützt das alles? Die Toten können dich nicht mehr ehren!

Benjamin tritt müde auf.

Benjamin, wo bleibst du? Hilf mir Holz sammeln.

Benjamin: Ich kann nicht mehr! Seit drei Tagen hast du mir nichts mehr zu essen gegeben.

Benjamin setzt sich. Hanna sucht weiter Holz. Benjamin entdeckt Elia.

Benjamin: Mutter! Schau, dort der Mann.

Hanna: Elia! Das ist der Mann, der uns ins Unglück gestürzt hat. Ich weiß es noch genau: Vor drei Jahren hat er das Land verflucht. Er ist schuld an der Trockenheit. Wegen seinem Wort müssen wir verhungern. Was will er hier?

Elia holt einen Becher hervor und reicht ihn Hanna.

Elia: Frau, hole mir etwas Wasser. Ich bin durstig und möchte trinken.

Hanna hält sich vor Erstaunen die Hand vor den Mund. Sie läßt das Holz aus der Schürze fallen, geht zu Elia und nimmt schweigend den Becher ab. Erst als sie sich abwendet, sagt sie

Hanna: Woher soll ich es nehmen? Das Wasser reicht gerade noch für Benjamin und mich.

Elia: Frau, bringe mir, was ich verlangt habe. Und auch noch einen Bissen Brot. Ich bin hungrig und möchte etwas essen.

Hanna: So wahr Gott lebt. Ich habe nichts mehr als eine Handvoll Mehl im Topf und ein wenig Öl im Krug. Ich wollte gerade etwas Holz auflesen und dann heimgehen und für mich und meinen Sohn etwas backen. Das wollten wir noch essen und dann sterben.

Hanna legt Benjamin den Arm um die Schulter.

Elia: Fürchte dich nicht! Geh heim und tu, was du gesagt hast. Nur vorher mache für mich ein kleines Gebäck und bringe es zu mir heraus. Dann kannst du immer noch für dich und deinen Sohn etwas backen.

Hanna macht eine hilflose Geste.

Elia: Hör zu, ich habe eine Botschaft für dich. So spricht Jahwe, der Gott Israels: »Dein Mehltopf wird nicht leerwerden, und das Öl in deinem Krug wird nicht ausgehen, bis zu dem Tag, an dem der Herr wieder Regen schickt.« Geht jetzt!

Hanna: Komm, Benjamin!

Hanna und Benjamin gehen ab.

Lied »Ich gebe dir die Hände«

Hanna und Benjamin kehren nach dem Lied zurück. Hanna reicht Elia ein Brötchen und schaut mißmutig zu, wie Elia in alter Ruhe und heiter ißt. Benjamin hält es nicht mehr aus.

Benjamin: Mutter, so gib mir doch auch zu essen!

Hanna reicht ihm ein Stück Brot.

Hanna: Hier, das ist der Rest. Der Mehltopf ist leer, und das Öl ist alle.

Hanna hält Benjamin die leeren Töpfe hin. Benjamin schaut nach.

Benjamin: Es stimmt gar nicht, was du sagst. Schau doch!

Hanna nimmt die Gefäße in die Hand, sieht scheu zu Elia und dann nach oben.

Hanna: Das Mehl im Topf wird nicht zu Ende gehen? Der Ölkrug wird nicht leer werden? Dann gehe ich schnell und backe uns noch etwas!

Hanna geht ab. Benjamin nähert sich scheu Elia.

Benjamin: Elia, König Ahab läßt dich überall im Land suchen. Isebel hat eine Belohnung ausgesetzt für den, der dich findet. Sie will dich töten.

Elia: Hab keine Angst, Benjamin. Gott schützt mich. Er läßt es nicht zu, daß ich in die Hände des Königs falle.

Benjamin: Wie lange soll diese Trockenheit denn noch dauern?

Elia: Ach Benjamin, ich weiß es nicht. Ich sehe auch, wie die Menschen und Tiere Durst haben. Manchmal frage ich mich: Bin ich der einzige im Land, der noch auf Jahwes Seite steht? Überall im Land verfallen die Altäre unseres Gottes. Gott will doch nur, daß die Menschen zu ihm zurückkehren.

Hanna kommt mit einem größeren Brotfladen zurück.

Hanna: Gelobt sei Jahwe. Es stimmt, Elia, der Mehltopf wird nicht leer, und das Öl ist nicht ausgegangen.

Elia: Unser Gott ist treu. Du hast es mit ihm gewagt, er hat dich nicht enttäuscht.

Alle essen und trinken schweigend.

Elia: Kennt ihr das alte Lied: Der Herr ist mein Hirte?

Hanna: ... mir wird nichts mangeln.

Benjamin: Er führt mich zum frischen Wasser...

Elia: Laßt es uns singen. Laßt uns Gott loben, daß er immer für uns sorgt.

Lied »Gott, du bist ja bei mir«
Nach dem Lied steht Elia auf.

Hanna: Wo willst du hin?

Elia: Die Zeit des Wartens ist um. Ich muß König Ahab eine Botschaft bringen.
Hanna und Benjamin stehen auf.

Benjamin: Nein, bitte verlaß uns nicht!

Hanna: Du darfst dich dem König nicht zeigen. Das ist viel zu gefährlich. Isebel läßt dich töten!

Elia: Ihr dürft mich nicht aufhalten. Jahwe will, daß alle Priester des Baal auf den Berg Karmel kommen. Gott will ein Zeichen geben. Dann soll es wieder regnen.

Benjamin: Ich gehe mit.

Hanna: Das ist nichts für Kinder. Du bleibst hier!

Benjamin: Ich will aber mit.

Elia: Sei unbesorgt, Hanna. Ich werde auf Benjamin aufpassen. Gott behütet uns. Komm, Benjamin!
Elia nimmt Benjamin bei der Hand. Beide gehen ab. Hanna schaut ängstlich nach.

Hanna: *setzt sich wieder.* O Gott, wie soll das alles weitergehen? Ob das mit dem Gotteszeichen gutgeht?

Band *Instrumentalmusik*

Benjamin kommt gerannt.

Benjamin: Mutter, Mutter! Ich komme vom Berg Karmel.

Hanna: Du bist wieder da. Gott sei Dank, dir ist nichts passiert.

Benjamin: *ganz aufgeregt.* Stell dir vor: Von allen Seiten strömten die Menschen auf den Berg hinauf – Bauern, Hirten, Händler. Frauen trugen ihre Kinder in einem Tuch auf dem Rücken. Aus ganz Israel kamen sie.

Hanna: Der König auch?

Benjamin: König Ahab fuhr mit seinem Wagen hinauf.

Hanna: Und das alles bei dieser Hitze?

Benjamin: Auf einmal ertönten Trompeten. Eine lange Reihe von Männern kam daher. Vorne lief einer, der trommelte auf eine Pauke. Hinter ihm kamen viele in weißen Mänteln. Auf dem Kopf trugen sie hohe spitze Hüte.

Hanna: Das waren die Priester des Baal.

Benjamin: Sie trieben auch zwei Stiere hinauf. Die schnaubten zornig und scharrten ungeduldig mit ihren Hufen wegen der vielen Menschen.

Hanna: Und was tat Elia?

Benjamin: Als alle da waren, trat er vor und rief: »Ich habe heute einen armen Mann gesehen. Er hat gehinkt. Aber nicht nur mit einem Bein, sondern mit beiden.« So . . .

Benjamin macht es vor: Er watschelt wie eine Ente.

Zuerst haben die Leute gelacht. Doch dann rief Elia: »Dieser Mann seid ihr. Ihr hinkt auch auf beiden Beinen. Einmal betet ihr zu Jahwe, dann wieder zu Baal. Ihr müßt euch für den wahren Gott entscheiden. Und zwar jetzt.« Da war es eine Weile ganz still.

Benjamin macht eine Pause.

Dann rief Elia wieder: »Ihr wißt nicht, wer euer Gott sein soll? Habt ihr vergessen, daß Jahwe uns aus Ägypten herausgeführt hat. Er gab uns dieses Land. Er ist der Gebieter über die Wolken und den Blitz und den Regen. Wartet ab! Schlachtet die Stiere und baut zwei Altäre! Schichtet Holz auf und legt das Fleisch darauf!« Als das getan war, sagte Elia zu den Baalspriestern: »Jetzt ruft den Namen eures Gottes an. Ich rufe den Namen Jahwes an. Der Gott, der zuerst mit Feuer antwortet, so daß das Opfer auf dem Altar verbrennt, der ist der wahre Gott.«

Hanna: Und haben die Baalspriester mitgemacht?

Benjamin: Du hättest sie sehen sollen. Sie schrien sich heiser: »Erhöre uns, Baal! Herr des Himmels, Herr des Regens, Herr des Donners, Baal, erhöre uns!«
Sie hüpften um ihren Altar herum. Aber sonst geschah nichts.
Elia verspottete sie: »Vielleicht ist Baal auf Reisen gegangen. Vielleicht schläft er gerade. Ruft doch lauter, damit er wach wird!«
Aber so laut sie schrien und sogar trompeteten, es kam kein Feuer.
Mutter, geh mit. Ich wollte dich nur holen. Die Baalspriester sind bald erschöpft und dann wird Elia beten.

Hanna: Nein, Benjamin. Ich kann nicht mit. Der Weg ist mir bei der Hitze zu weit.

Benjamin: Dann gehe ich wieder, Mutter. Ich will sehen, was jetzt geschieht.

Benjamin geht ab. Hanna setzt sich wieder.

Lied   »Du bist für uns«

Benjamin kommt zurück.

Benjamin: Mutter, Mutter. Er hat geantwortet!
Hanna läuft ihm entgegen.

Hanna: Jahwe hat geantwortet?

Benjamin: <small>ganz aufgeregt.</small> Da oben ist jetzt vielleicht ein Durcheinander. Sie fallen über die Baalspriester her. Jetzt wissen es alle: Baal ist ein toter Götze.

Hanna: Sag, was hat Elia denn getan?

Benjamin: Elia zog zuerst einen Graben um den Altar. Er ließ sogar Wasser über das Fleisch schütten, bis alles naß war. Dann schaute er zum Himmel und betete: »Herr, zeige, daß du der lebendige Gott Israels bist. Höre mein Gebet. Dieses Volk soll endlich merken, daß du allein der Herr bist.«

Und auf einmal war da etwas Helles. Wie ein Blitz. Ich sah Flammen auf dem Altar. Und dichter Rauch wälzte sich über den Platz. Die Leute kreischten, und auf einmal riefen immer mehr: »Jahwe ist der Herr, Jahwe allein.«

Hanna: Gott sei Dank! Jetzt wird sich alles ändern. Komm, wir wollen Elia für alles danken.

<small>Sie wollen gerade gehen, da tritt der Bauer Simon großspurig auf.</small>

Simon: Ich habe es immer gewußt, dieser Elia und unser Gott Jahwe. Jahwe war eben schon immer der Gott der Bauern.

Hanna: Nimm den Mund nicht so voll, Simon. Ich weiß noch, wie du vor der Königin gestanden hast. So klein bist du geworden. Und dann hast du genauso Baal gerufen wie alle anderen.

<small>Simon wird verlegen; er will sich verteidigen. Da kommt Elia. Hanna begrüßt ihn.</small>

Hanna: Jetzt wird alles gut. Danke, Elia, daß du unseren Gott nicht vergessen hast.

145

Elia: Ja, jetzt wird alles gut. Wir haben einen lebendigen Gott. Er sorgt für uns.

Simon will weglaufen. Elia hält ihn zurück und schaut ihm ins Gesicht. Dann sagt er mit ruhiger Stimme:

Elia: Komm her, Simon, lauf nicht weg. Du gehörst zu uns. Unser Gott ist ein guter Hirte. Sein Zorn ist kurz. Seine Freundlichkeit dauert alle Zeit. Ich höre schon den Regen in meinen Ohren rauschen.

Benjamin: Es donnert schon. Hört ihr es auch?

Simon: Gott läßt es wieder regnen. Bald wird alles wieder grün sein.

Hanna: Wir werden wieder genug zum Essen und Trinken haben – Öl, Korn, Mehl und frisches Wasser. Kommt, das wollen wir feiern. Ich lade euch ein in mein Haus.

Alle gehen ab.

Lied »Heut ist ein Tag«

Am Ende des Liedes kommt Elia wieder auf die Bühne.

Elia: Ihr alle da unten, freut euch mit uns und feiert mit, daß Gott uns nicht vergessen hat. Feiert mit uns, weil Gott immer für uns da ist, selbst wenn wir das nicht glauben können.

Lied »Wir feiern heut ein Fest«

Gemeinsames Fest: *Moderator übernimmt Organisation.*

Lied »Halte zu mir, guter Gott«

Sendung

Segen

Freunde fürs Leben

David und Jonathan
(1. Samuel 16 ff.)

In einer Zeit, in der Verweigerung von Freundschaft zu Fremden, Andersdenkenden, Ausländern oder sozial Schwachen groteske Formen angenommen hat, ja in brutale Ablehnung und Haß umgeschlagen ist, ist das Thema Freundschaft höchst aktuell.

Kinder lernen von ihrer Umgebung, und sie lernen in diesem Fall meist nichts besonders Gutes. Sie erleben, daß Menschen unter Menschen leiden und daß das scheinbar so in Ordnung ist. Sie hören Haßparolen, die sie übernehmen, weil sie zum Leben dazuzugehören scheinen. Auch wenn solches Verhalten oftmals nur sehr subtil erfahrbar wird, prägt es.

Der Kinderkirchentag will dagegen den Wert von Freundschaft herausstellen und auch die Folgen von Freundschaft: füreinander dasein, miteinander leben, gemeinsam sich sorgen, sich um das Wohl von anderen kümmern. Die *DU*-Dimension von Freundschaft soll deutlich werden, aber ebenso, daß die *ICH*-Dimension dazugehört. Und daß alle Freundschaft unter Menschen eingebettet ist in die große Freundschaft Gottes zu den Menschen.

Rollen: Sprechrollen:
- drei Erzähler
- David
- Jonathan, Sohn des Königs
- Saul, König von Israel
- Davids Mutter

ohne Texte:
- Isai, Davids Vater
- Samuel, der alte Richter
- Söhne Isais (etwa sechs)
- Berater/Boten/Begleiter Sauls (zwei bis drei)
- Begleiter Davids (etwa zwei bis drei)

Material:
- Davidsharfe/-laute
- Fläschchen Salböl
- geflochtene Steinschleuder
- Thron für Saul
- Zelt/Zelte
- Spruchband »Von allen Seiten umgibst du mich, o Herr« (etwa 1 m hohe Buchstaben auf Holzleisten)
- bunte Zettel (für alle Kinder)
- Kleber

Eröffnung

Begrüßung

Gebet

Lied   »Wenn wir Kinder uns lieben«

1. Szene: David zu Hause/Samuel salbt David zum König

Bühnenbild Landschaft.
David sitzt vor einem Haus und flicht aus Stoffbändern etwas, was man nicht genau erkennen kann. Manchmal schwingt er dieses Etwas über dem Kopf, dann macht er daran weiter. Im hinteren Teil der Bühne arbeitet Davids Mutter im Haus.

David: Immer sagen sie, ich sei für alles zu jung oder zu klein. Immer muß ich zu Hause bleiben. Immer sagen sie, ich könne dieses oder jenes nicht, weil ich zu schwach dafür sei. Weil ich es noch nicht gelernt habe. Aber sie bringen mir auch nichts bei. Soll ich denn immer daheim bleiben, bloß weil ich der Jüngste bin? Dafür kann ich doch nichts. Immer muß ich Mutter im Haus helfen.
Aber ich werde es allen zeigen, daß ich etwas kann, selbst wenn ich der Jüngste bin. Ich werde gleich mal anfangen, mit meiner Steinschleuder zu üben. Wenn ich gut treffe, dann kann ich mit hinaus und die Schafherden vor den Löwen und den anderen Raubtieren beschützen.

Mutter: David!

Als er den Ruf hört, will er sich verdrücken.

David, komm doch bitte und hilf mir.

David kommt recht mißmutig zur Mutter.

David: Mutter, warum helfen denn meine großen Brüder nicht mit im Haus? Warum muß immer ich das tun? Ich will auch die Schafe bewachen. Schau mal, was ich mir geflochten habe – eine Steinschleuder. Ist sie nicht toll geworden?

149

Mutter: Zeig mal. Oh ja, sie ist wirklich schön geworden. Ach, David. Ich kann dich ja verstehen. Aber dein Vater und deine Brüder sagen, daß du noch zu jung bist, um gegen die Raubtiere zu kämpfen. Und ich habe auch Angst um dich, daß sie dich töten!

David: Aber Mutter, mir kann doch nichts passieren. Ich werde fleißig mit der Schleuder üben. Ich lasse mir alle Tricks von den Hirten zeigen, und ich werde aufpassen. Auf mich und auf die Schafe. Und außerdem habe ich doch meinen Freund dabei, der mir Kraft und Mut gibt und der mich beschützt. Du weißt schon, wen ich meine. Du hast mich gelehrt, an ihn zu glauben. Hast du das vergessen?

Mutter: Nein, David. Ich weiß, daß Gott dich beschützt. Ich bin so froh, daß du glaubst, was er uns verspricht. Kennst du die Lieder noch, die ich dir beigebracht habe? Sing mir eines vor, ich höre dir so gerne zu.

Band *Melodie des Refrains*

»Von allen Seiten«

des folgenden Liedes leise einspielen, David summt dazu.

David: Mutter und ihr alle da, singt doch mit. Freut euch, daß unser Gott immer für uns da ist.

Lied »Ich sitze oder stehe«

Am Ende des Liedes geht David in den Hintergrund. Die folgende Szene wird entsprechend der Erzähltexte pantomimisch gespielt. Isai kommt beim ersten Satz auf die Bühne.

Erzähler 1: David ist der jüngste Sohn von Isai, einem angesehenen und wohlhabenden Bauern in der Stadt Bethlehem. David bittet seinen Vater immer wieder.

Erzähler 2: »Nimm mich doch auch mit hinaus auf die Felder und zu den Herden.

Erzähler 1: Aber lange Zeit darf er nicht. Doch eines Tages ist es soweit.

Freude

Erzähler 3: »David, ab heute kannst du hinaus zu den Herden und lernen, wie man sie hütet und vor den wilden Tieren beschützt.«

Erzähler 1: David ist sehr froh. Er lernt jeden Tag etwas Neues, und auch die Steinschleuder beherrscht er wie kein zweiter.
Nach einigen Monaten aber passiert etwas Ungewöhnliches im Haus des Isai. Samuel, der alte Richter, ist gekommen. Isai erschrickt.

Schreck

Erzähler 3: »Warum kommt ausgerechnet der Richter zu uns? Hat irgend jemand in meinem Haus etwas Unrechtes getan, wofür er bestraft werden muß? Was sonst könnte der Anlaß sein, daß der oberste Hüter von Recht und Gesetz hier ist?«

Erzähler 1: Es kommt ganz anders, als Isai befürchtet. Samuel spricht eine seltsame Bitte aus.

Erzähler 2: »Isai, hol alle deine Söhne her, damit ich sie ansehen kann. Mit einem von ihnen hat Gott Großes vor.«

Rufen

Erzähler 1: Isai tut, worum ihn Samuel bittet, und ruft seine Söhne her. Einer nach dem anderen kommt. Zuerst der Älteste. Kräftig und hochgewachsen ist er, ein stattlicher Mann. Aber Samuel winkt ab.

Erzähler 2: »Nein, der ist es nicht.«

Erzähler 1: Dann kommt der Zweitälteste. Auch er ist ein kräftiger und mutiger Mann. Dann alle anderen. Aber immer winkt Samuel ab.

Erzähler 2: »Nein, Isai, keiner von diesen ist es, den ich suche. Sind das alle deine Söhne?«

Erzähler 1: Isai verneint.

Erzähler 3: »Samuel, einen Sohn habe ich noch. Er heißt David. Aber er ist der jüngste und kleinste, den kannst du bestimmt nicht meinen.«

Erzähler 1: Aber Samuel antwortet:...

Erzähler 2: »Isai, hol mir deinen jüngsten Sohn David her.«

Erzähler 1: Isai schickt zwei seiner Söhne hinaus zu den Herden, um David zu holen. Es dauert eine Zeit, bis er zum Haus kommt.
Als David vor dem alten Richter steht, da wird Samuel klar:

Der da

Erzähler 2: »Ja, dieser junge und kleine David ist es, den ich im Auftrag Gottes salben soll. Mit David hat Gott große Dinge vor. Er ist der Auserwählte Gottes.«

salben

Erzähler 1: So hat Gott es Samuel im Traum gesagt. Samuel holt aus seiner Tasche ein Fläschchen Salböl heraus, gießt David davon auf das Haar und salbt ihn.

Erzähler 2: »Gottes Geist ist mit dir auf allen deinen Wegen. Du bist ein Gesegneter Gottes.«

Erzähler 1: David versteht nicht alles, was da geschieht. Aber eines weiß er ...

Erzähler 3: »Ich kann immer auf Gott vertrauen. Gott wird mich immer beschützen.«

Lied   »Ich trau auf dich o Herr«

2. Szene: David kommt an den Hof Sauls

Erzähler 1: Viele Jahre ist es her, daß Samuel schon einmal im Auftrag Gottes einen Mann salbte. Dieser Mann ist Saul gewesen. Gott hat ihn zum König über das Volk Israel auserwählt.

Saul ist der erste König in Israel. Viele Siege gegen die Philister, die Feinde Israels, hat er errungen. Aber mit der Zeit hat er sich verändert. Aus dem mutigen und gutgelaunten König ist ein mürrischer und mißtrauischer Mann geworden. Richtig jähzornig ist er manchmal und tut Dinge, von denen er hinterher nichts mehr weiß. Alle am Hof fürchten sich vor ihm. Jeder hat Angst vor dem König. Keiner weiß, was Saul im nächsten Augenblick tun wird.
Einer der Berater hat eine Idee und sagt sie den anderen.

Erzähler 3: »Vielleicht könnte dem König mit Musik geholfen werden. Vielleicht bringt ihn das auf andere Gedanken.«

Erzähler 1: Gemeinsam gehen sie zum König.

Erzähler 3: »König Saul, wir haben uns beraten und möchten dir vorschlagen, daß du dir Musikanten an den Hof holst. Die sollen singen und spielen und dich aufheitern.«

Erzähler 2: »Das ist ein guter Rat. So soll es geschehen. Schickt sofort Boten ins ganze Land und holt mir die Musikanten.«

Erzähler 1: Die Boten suchen im ganzen Land, um den besten Saitenspieler an den Hof zu holen. Einer der Boten kommt zurück und erzählt Saul von David.

Erzähler 3: »König, in Bethlehem im Haus des Isai gibt es einen Saitenspieler, dessen Können alle rühmen. Er heißt David. Aber sein Vater will ihn nicht gehen lassen, weil er noch so jung und klein ist.«

Saul: »Geh zu Isai und sage ihm, daß der König wünscht, daß David an den Hof kommt.«

Erzähler 1: Sofort macht der Bote sich wieder auf den Weg und holt David an den Königshof.

Jedesmal, wenn der böse Geist des Zornes den König plagt, spielt David, und Saul wird wieder ruhig und fröhlich.

Wunsch Jonathan

Alle am Hof freuen sich darüber. Besonders aber einer: Jonathan, der Sohn des Königs. Er bewundert David, weil er so schön singen und spielen kann. Er wünscht sich ...

Erzähler 3: »David soll mein Freund werden.«

Wut, Zorn

Erzähler 1: Eines Tages ist es wieder einmal soweit: Saul tobt vor Zorn und Wut. Keiner weiß, warum. Jeden Augenblick befiehlt er etwas anderes.

Saul: »Holt mir Wein.« »Wo sind denn meine Berater. Auf der Stelle sollen sie zu mir kommen.« »Sattelt mein Pferd, ich will ausreiten.« »Bringt mir etwas zu essen.« »Ich will sofort Geschichten hören. Los, erzählt mir.«

Erzähler 1: Jeder, der in der Nähe des Königs ist, bekommt seinen Zorn zu spüren. Auch Jonathan. Er versucht, seinen Vater zu beruhigen.

Jonathan: »Vater, weißt du noch, wie großartig du im letzten Kampf gegen die Philister, die Feinde Israels, gekämpft hast? Wie du sie besiegt und deinem Volk Frieden gebracht hast? Erinnere dich, wie du allen voran auf die Philister zugestürmt bist und so den Israeliten Mut gegeben hast.«

Erzähler 1: Aber Saul läßt sich nicht beruhigen. Immer schlimmer wird seine Raserei. Er bedroht sogar seinen eigenen Sohn.

Saul: »Verschwinde aus meinen Augen. Ich will dich nicht mehr sehen.«

Erzähler 1: So schreit er Jonathan an und hebt die Faust, um ihn zu schlagen. David sieht das, und er weiß, daß er Jonathan helfen muß. Aber wie? Gegen den König kämpfen, das darf er nicht.

Musik

Erzähler 3: »Ich muß den König wieder aufmuntern mit meinem Singen und Spielen.«

	Erzähler 1: …sagt er sich und beginnt auch gleich damit.
Band	Refrain von »Stimm deine Laute«
	Erzähler 1: Er singt und spielt so schön, daß Saul sich wieder beruhigt. Schnell geht Jonathan hinaus und winkt David zu. Er wünscht sich, daß David sein Freund wird. David geht es nicht viel anders. Auch er wünscht sich Jonathan zum Freund.
Lied	»Wir wünschen Herr, daß jedes Kind«

3. Szene: David schlägt Goliath

Bühnenbild Landschaft. Ein Zelt. Saul sitzt im Zelt.

Erzähler 1: Die Philister haben die schlimme Niederlage nicht vergessen. Mit einem großen Heer ziehen sie wieder ins Land Israel. Als König Saul davon hört, ruft er alle Männer in Israel zum Kampf.
David schickt er nach Hause, bevor er sein Zelt beim Heer aufschlägt. Im Krieg kann er keinen Gesang und keine Musik gebrauchen.
Jeden Tag wartet er ungeduldig auf seine Berichterstatter. Jedesmal erzählen sie ihm, daß ein riesengroßer Krieger namens Goliath die Israeliten als Feiglinge verspottet, weil sich keiner gegen ihn zu kämpfen traut.
Als Saul einen Reiter im Galopp ins Lager preschen hört, steht er auf und geht vors Zelt. Jonathan kommt angerannt.

Jonathan: »Vater, stell dir vor, was passiert ist. Du wirst es nicht glauben. Es ist einfach toll, was David heute gemacht hat.«

Saul: »Wieso David? Den habe ich doch nach Hause geschickt. Was tut der denn beim Heer?«

Steinschleuder

Jonathan: »David hat von seinem Vater den Auftrag bekommen, seinen Brüdern etwas zum Essen zu bringen. Weil es Abend gewesen ist, als er im Heer ankam, blieb er über Nacht im Zelt bei seinen Brüdern. Da hat er heute morgen gehört, wie Goliath unsere Krieger als Feiglinge verspottet hat. David hat sich gewundert, daß keiner den Mut hat, gegen Goliath zu kämpfen. Seine Brüder haben ihn geschimpft, daß er das nicht verstehen würde, weil er eben noch zu jung für so etwas sei. Da hat David gesagt, daß er gegen Goliath kämpfen wird. Alle haben ihn gewarnt. Eine Rüstung haben sie ihm gegeben, aber die war viel zu groß für ihn. Nur mit einem Stock und seiner Steinschleuder bewaffnet ist er dann hinüber gegangen und hat Goliath zugerufen:

Vertrauen

»Du glaubst wohl, daß sich kein Israelit traut, gegen dich zu kämpfen? Du verlachst und verspottest uns. Und du verspottest unseren Gott. Ich werde gegen dich kämpfen. Gott wird mir helfen, dich zu besiegen.«

Saul: »Und was ist dann passiert?«

Jonathan: »David hat seine Steinschleuder genommen, einen Stein hineingelegt und mit einem gezielten Schuß Goliath getötet. Als die Philister das gesehen haben, haben sie eine solche Angst bekommen, daß sie alle geflohen sind.«

Erzähler 1: Als David ins Lager zurückkehrt, bewundern ihn alle und jubeln ihm zu. Saul nimmt ihn in sein Heer auf. Bald wird David ein berühmter Krieger. Er gewinnt viele Kämpfe gegen die Feinde Israels. Aber dabei vergißt er nie, daß Gott ihn beschützt. Er vertraut ihm und glaubt an ihn.

Jubelgruppe

Lied »Weil ich dir vertrauen kann«

4. Szene: David und Jonathan schließen Freundschaft

Bühnenbild Landschaft. David und Jonathan sitzen einander gegenüber.

Jonathan: David, darf ich dich etwas fragen?

David: Aber klar. Was willst du wissen?

Jonathan: Woher kommt es, daß dir immer alles gelingt. Du kannst sehr gut auf der Harfe spielen. Du singst wunderbar. Du siegst immer. Alle Menschen jubeln dir zu und mögen dich.

David: Jonathan, so wie du es sagst, ist es ja auch wieder nicht. Bei mir geht auch manches schief.

Jonathan: Aber ich sehe es doch selber, oder man erzählt es mir: Alles, was du dir vornimmst, schaffst du.

David: Ich kann dir auch nicht so genau sagen, warum das alles so ist. Manchmal ist mir das richtig unheimlich. Ich kann nur sagen: Bei allem, was ich tue, vertraue ich auf Gott. Ich weiß, daß er mir hilft, daß er bei mir ist und mich beschützt. Ich denke jeden Tag an ihn. Meine Mutter hat mir viele schöne Lieder beigebracht, die davon erzählen, daß Gott denen hilft, die ihm vertrauen. Hör mal auf eines:

Lied

Refrain

»Von allen Seiten umgibst du mich o Herr«

mit allen Kindern

David: So ist das, Jonathan. Ich verlasse mich auf Gott. Er ist für mich da wie ein guter Freund.

Jonathan: Ich wünsche mir schon lange so einen Freund. Aber das ist für mich nicht leicht. Die einen wollen meine Freundschaft nur, weil ich der Sohn des Königs bin. Sie denken, daß sie dann Vorteile haben bei meinem Vater. Und die anderen trauen sich nicht, meine Freunde zu werden, weil ich der Sohn des Königs bin und sie mich für jemand Besonderen halten. Manchmal wünschte ich mir, nicht der Sohn des Königs zu sein. Vielleicht hätte ich dann schon einen echten Freund, so wie du Gott zum Freund hast.

David: Einen Freund zu haben, Jonathan, ist viel wichtiger als reich oder mächtig zu sein. Mit einem guten Freund kannst du über das reden, was dich bedrückt und wovor du Angst hast. Einem guten Freund kannst du alles sagen. Mit ihm kannst du dich freuen über das Gute und Schöne in deinem Leben. Du kannst dich auf ihn verlassen und ihm vertrauen.

Jonathan: Damals, als du zu uns an den Hof gekommen bist und mir geholfen hast, als mein Vater in seinem Zorn auf mich losging, habe ich gespürt, daß wir Freunde werden können. Du bist anders als die anderen. Du redest mit mir wie ein Freund, nicht wie ein Diener. Das gefällt mir. Sag, David, wollen wir nicht Freunde werden?

David: Jonathan, du bist der Sohn des Königs und ich nur ein armer Bauernsohn. Das geht doch nicht. Die anderen Leute werden denken, daß ich nur wegen deines Geldes dein Freund bin.

Jonathan: David, willst du deswegen nicht mein Freund werden, weil du Angst hast vor dem, was andere über uns denken? Ich möchte, daß du mein Freund wirst, daß wir Freundschaft schließen. Da brauche ich die anderen nicht zu fragen. Laß uns Freunde werden und eine Freundschaft schließen, die das ganze Leben lang halten soll.

David: »Gut, Jonathan. Laß uns Freunde sein für unser ganzes Leben.

Erzähler 1: So schließen David und Jonathan Freundschaft. Sie verstehen sich gut miteinander. Sie können einander alles erzählen, sie können sich aufeinander verlassen und einander vertrauen. Ihre Freundschaft wird von Tag zu Tag fester.

Lied »Wenn einer sagt« (Kindermutmachlied)

Moderator: Liebe Kinder, eine Freundin oder einen Freund zu haben, ist etwas sehr Schönes. Wir wollen jetzt an einen Freund von uns allen denken. Diesem Freund wollen wir unsere Namen und die Namen von unseren besten Freunden anvertrauen, weil wir wissen, daß er immer bei uns ist. Ihr wißt wahrscheinlich schon, von wem ich rede. Von Gott. Er ist ein Freund von uns allen.
Wir machen jetzt folgendes: Jeder bekommt einen Zettel, auf den schreibt er den Namen seiner besten Freundin oder seines besten Freundes oder den Namen eines anderen Menschen, den er sehr lieb hat. Die Zettel mit den Namen kleben wir dann auf das vorbereitete Spruchband. Das zeigt uns: Wir sind bei Gott geborgen. Gott ist unser Freund.

Gemeinschaftsaktion: Die Kinder bekommen bunte Zettel, auf die schreiben sie ihren Namen und den Namen ihres besten Freundes oder ihrer besten Freundin. Diese Zettel werden auf das vorbereitete Spruchband (vgl. Materialangaben vorne) aufgeklebt, so daß ein buntes Band entsteht anstelle des vorherigen weißen.
Während des Aufklebens können von den Kindern Freundschaftsbändchen o. ä. gebastelt werden. Teilweise dazu musikalische Unterlegung. Rückruf der Kinder mit dem »Kindermutmachlied«.

5. Szene: Saul will David töten

Bühnenbild Palast. Saul sitzt auf seinem Thron, einige Ratgeber stehen um ihn herum. Jonathan kommt dazu.

Saul: Habt ihr gehört, wie das Volk geschrien hat: Saul hat tausend besiegt, David aber zehntausend. Ich bin der König, nicht er. Aber nicht mir, sondern ihm jubeln sie zu.

Habe ich denn keinen Jubel verdient? Ich habe die Philister besiegt und sie vernichtend geschlagen. Ich, König Saul.

Erzähler 1: König Saul ist außer sich vor Wut. David hat wieder einen Kampf gegen die Philister gewonnen. Ein tollkühnes Abenteuer hat er bestanden mit Hilfe seines Freundes Jonathan – und mit Gottes Hilfe. Das Volk jubelt David zu. Als er zurückkommt, ruft es vor Begeisterung: »Saul hat tausend erschlagen, David aber zehntausend.«

Erzähler 2: »Saul hat tausend erschlagen, David aber zehntausend.«

Erzähler 3: »Saul hat tausend erschlagen, David aber zehntausend.«

Erzähler 1+2+3: »Saul hat tausend erschlagen, David aber zehntausend.«

Saul: Das lasse ich mir nicht gefallen. David muß sterben, ich muß ihn töten. Ich will König bleiben. Mich soll das Volk lieben, und mir soll es zujubeln. Ich muß David töten.

Erzähler 1: Voller Zorn bringt Saul diese Worte hervor. Er beginnt David zu hassen. Aber was kann er ihm tun? Saul denkt lange nach.

Saul: Jawohl, das ist es. David muß verschwinden.

Jonathan kommt von hinten auf die Bühne, ohne daß Saul ihn bemerkt.

Erzähler 1: Sauls Entschluß steht fest. Er beginnt, einen Plan zu machen, wie es am besten geschehen kann.

Saul hat nicht bemerkt, daß Jonathan in das Zimmer gekommen ist und so die letzten Worte seines Vaters gehört hat. Schnell geht er hinaus. Er kann es nicht glauben: Sein Vater will David töten.

Erzähler 3: Das muß ich David sagen. Ich muß ihm helfen.

Er muß schnell vom Hof verschwinden, bevor ihm etwas zustößt.

Jonathan schnell von der Bühne ab.

Lied »Bei dir, Gott, berge ich mich«

Text: Psalm 31,1; Melodie: Johannes Blohm
Rechte: Johannes Blohm, Nürnberg

6. Szene: Jonathan hilft seinem Freund David

Bühnenbild Palast. David liegt da und schläft. Jonathan kommt und rüttelt ihn wach.

Jonathan: David, wach auf. Ich muß dir etwas sagen.

David: Hallo, Jonathan, mein Freund. Was ist los? Ich habe gerade so schön geträumt. Warum weckst du mich?

Jonathan: David, es ist etwas Schlimmes passiert. Mein Vater will dich, ach, ich kann es dir nicht sagen.

David: Ich weiß, was du mir sagen willst, Jonathan. Dein Vater, König Saul, haßt mich, weil das Volk mir mehr zujubelt als ihm. Er hat gemerkt, daß Gott mich zum König über Israel machen will.

Jonathan: Es ist noch viel schlimmer, als du denkst. Er will dich töten!

David: Oh, Jonathan, was sollen wir bloß tun? Ich muß fliehen, sonst muß ich gegen deinen Vater, den König, kämpfen. Und das will ich nicht.

Erzähler 1: Die beiden Freunde beraten, wie sie Davids Flucht vorbereiten und möglichst lange geheimhalten können. Beide wissen, daß Saul merken wird, wenn David nicht mehr am Hof ist. Sie beraten auch, wie Jonathan David benachrichtigen kann, falls Saul seine Meinung ändert und keine Gefahr für David mehr besteht.

Jonathan: David, wir machen es so. Ich gehe mit meinem Diener vor die Stadt und tue so, als ob ich mit dem Bogen Schießübungen mache. Wenn ich den Pfeil in den Boden vor den großen Steinhaufen schieße, bedeutet das, daß du zurückkehren kannst. Wenn ich den Pfeil weit über den Steinhaufen hinausschieße, dann weißt du, daß du fliehen mußt. Ich wünsche mir so sehr, daß mein Vater sich beruhigt und du wieder an den Hof zurückkommen kannst, David, mein Freund.

David: So machen wir es, Jonathan. Wenn du den Pfeil vor den Steinhaufen schießt, dann besteht keine Gefahr mehr für mich, und ich kann zurückkehren. Und wenn du den Pfeil über den Steinhaufen hinausschießt, dann werde ich fliehen. So merkt keiner, daß du mir eine Botschaft schickst. Und du bist sicher vor deinem Vater. Er läßt dich sicherlich beobachten, ob du dich mit mir triffst.

Jonathan: Gut, David. Du wartest dann, bis ich dir in drei Tagen mit meinem Pfeil die Botschaft schicke. Leb wohl, David, du mein bester Freund.

David: Leb wohl, Jonathan. Paß gut auf dich auf und vergiß mich nicht. Ich werde immer an dich denken, mein Freund.

Erzähler 1: David und Jonathan nehmen voneinander Abschied. Beide hoffen, daß sie sich bald wiedersehen werden. Aber Saul ändert seine Meinung nicht. Deshalb muß David weiterhin vor ihm fliehen. Er ahnt, daß er seinen Freund Jonathan nicht mehr sehen kann, solange Saul König ist. Das macht ihn sehr traurig. Er fühlt sich ganz einsam und verlassen. Doch da fällt ihm wieder eines jener Lieder ein, das er von zu Hause her kennt.

Lied »Ich möcht, daß einer mit mir geht«.

Kinder nach dem 2. oder 3. Mal mitsingen lassen.

7. Szene: David schenkt Saul das Leben

Bühnenbild Landschaft. Ein Nachtlager ist aufgebaut. Saul schläft und ebenso seine Wachen. Ein Mann schleicht ins Zelt von Saul und rennt nach kurzer Zeit wieder weg.

Erzähler 1: Auf seiner Jagd nach David gönnt sich König Saul keine Ruhe. Noch immer ist er davon besessen, David zu töten. Als es Abend wird, schlagen seine Männer das Nachtlager auf und legen sich schlafen. In dieser Nacht passiert etwas. David schleicht ins Lager. Unbemerkt kommt er bis Sauls Zelt. Er schlüpft hinein. Er könnte ihn töten. Aber er tut es nicht. Er schneidet nur ein Stück von Sauls Mantel ab.
Als Saul mit seinen Männern am nächsten Morgen aufbricht, hört er David rufen.

David: Mein König, warum verfolgst du mich? Warum hörst du auf die Menschen, die dir sagen, daß ich dein Unglück will. Wenn ich dich töten wollte, damit ich König werde, hätte ich das heute nacht tun können. Ich war bei dir in deinem Lager. Als Beweis habe ich von deinem Mantel ein Stück abgeschnitten. Da ist es, sieh her. Ich will dir nichts tun, glaube mir doch. Du bist doch mein König, der Vater meines Freundes Jonathan.

Saul: David, ich sehe, daß ich dir Unrecht getan habe. Du hast mir nur Gutes getan, aber *ich* wollte dir Böses tun. Verzeih mir. Ich weiß, daß Gott dich zum neuen König von Israel bestimmt hat. Ich werde dich in Zukunft in Frieden lassen.

Erzähler 1: Saul zieht mit seinen Männern wieder zurück. David aber kämpft weiterhin mit seinen Männern gegen die Feinde Israels. Er wird ein gefürchteter Krieger. Bald spricht man auch in den Nachbarländern Israels von seinen Heldentaten.
Auch König Saul muß wieder gegen die Philister kämpfen. Es ist eine schwere Schlacht. Die Philister siegen. Viele Männer aus dem Volk Israels finden den Tod, auch König Saul und sein Sohn Jonathan.

8. Szene: Davids Trauer um seinen Freund Jonathan

Bühnenbild Landschaft. David sitzt auf einem einfachen Sessel vor einem Zelt, ein paar Männer stehen um ihn herum.

Erzähler 1: David weiß noch nicht, daß sein Freund Jonathan im Kampf gestorben ist. Er sitzt gerade mit seinen Hauptleuten zusammen. Da kommt ein Mann aus dem Heer von Saul und berichtet David alles.
David ist voller Trauer um Saul und vor allem um Jonathan. Der Tod seines Freundes schmerzt ihn sehr. Den ganzen Tag über klagen er und seine Männer. David verfaßt ein Lied, in dem er die Taten Sauls und Jonathans für ihr Volk Israel rühmt. Er befiehlt ...

David: Dieses Lied soll in ganz Israel gesungen und dabei um König Saul und seinen Sohn Jonathan getrauert werden.

Männer gehen von Bühne ab. David bleibt allein zurück.

Lied »Wo Menschen sich lieben und hoffen«

Während des Liedes erscheint der Hintergrund »Palast«.

Erzähler: König Saul ist tot. David wird zum neuen König ernannt. Er hat Jerusalem erobert und zur Hauptstadt gemacht. In Davids Leben gibt es viele glückliche Tage, aber auch solche, an denen er mutlos und voller Sorge ist. Dann muß er an seinen Freund Jonathan denken.

David: Manchmal wünsche ich mir, Jonathan, daß du bei mir wärst, damit wir reden könnten. Manchmal weiß ich nicht, wie ich mich entscheiden soll, da bräuchte ich deinen Rat. Manches liegt wie eine schwere Last auf mir, da bräuchte ich jemanden, dem ich mich anvertrauen kann. Jonathan, mein Freund, du fehlst mir.
Ich bin nur froh, daß ich Gott zum Freund habe. Ich habe dir viel davon erzählt. Meine Mutter hat mich den Glauben an ihn gelehrt. Sie hat mir beigebracht, Gott in Liedern zu loben und zu danken für alles Gute in unserem Leben. Sie hat mir beigebracht, ihm immer zu vertrauen. Sie hat mich gelehrt, daß Gott mir Mut macht, wenn ich ohne Hoffnung bin. Daß Gott mir Kraft gibt, wenn ich schwach bin. Daß ich immer zu ihm kommen und mit ihm reden kann, wenn ich ihn brauche. Ich weiß, daß Gott mich mein Leben lang begleitet. Ich habe erfahren, daß er mich beschützt und immer bei mir ist. Das tut mir gut. Allen Menschen will ich es mit meinen Liedern erzählen. Ich wünsche mir, daß alle eine solche Freundschaft mit Gott erleben können. Singt mit mir gemeinsam ein Lied von der Freundschaft Gottes zu uns.

Lied »Vater, ich will dich preisen«

Sendung

Segen

Bartimäus und Zachäus (Lukas 18,35ff)

Zwei Geschichten werden den Kindern vorgestellt, die wohl zu den bekannten Geschichten von Jesus gehören. Auch die Kinder werden eine, vielleicht sogar beide Geschichten kennen.

Bartimäus und Zachäus, sehr verschieden, was ihre gesellschaftliche Stellung anbelangt, aber doch fast gleich, was ihre Akzeptanz durch die Gesellschaft betrifft, begegnen Jesus. Beide werden aufgrund dieser Begegnung in völlig neue Lebenssituationen gestellt: Der Blinde kann wieder sehen und damit in die Gemeinschaft zurückkehren, der Zöllner ändert sein Verhalten und findet dadurch neue Zugänge zur Gemeinschaft. Beide erleben in einmaliger Weise, was es bedeutet, Jesus zu begegnen und von ihm angenommen zu werden. Beide können dadurch die bisher erfahrene Ablehnung durchbrechen, beide beginnen, sich und ihr neues Leben einzubringen in das Miteinander der Menschen.

Die Kinder erleben am Beispiel des Bartimäus und Zachäus, was passieren kann, wenn Menschen Jesus begegnen und ihn annehmen. Sie erleben mit, wie aus Zurückweisung und Ablehnung Annahme und Aufgeschlossenheit werden und wie diese dann den Umgang untereinander prägen.

Rollen: Sprechrollen:
- Chef der Zeitschrift »Jugendfreund«
- Reporterin
- Marktfrau
- Nachbarin
- zwei Stoffhändler
- zwei Pharisäer
- zwei Musikalienhändler
- Wirt
- Zachäus
- Bartimäus

ohne Text:
- römische Soldaten
- Jesus
- Jünger

Material:
- kleines Redaktionsbüro
- Zollstelle mit Schranke
- Ortsschild »Jericho«
- Marktstand (ein paar Kisten/Sonnenschirm/Stuhl)
- Händlerausstattung (Stoffe/Instrumente)
- Baum für Zachäus (Leiter, die als Baum hergerichtet wird)

Eröffnung

Begrüßung

Gebet

Lied »Halte zu mir, guter Gott«

1. Szene: Auf der Suche nach einem Jesusbild

Kleines Büro auf der Bühne. Chef sitzt am Schreibtisch. Reporterin kommt mit Regenschirm durch die Kinderreihen herein. Gespräch zwischen Chef und Reporterin.

Chef: Wo bleiben denn die Bilder für unsere nächste Jugendfreund-Ausgabe?

Reporterin: Moment, ich komme ja schon. Ich habe die Bilder dabei.

Chef: Geben Sie mal her.

Reporterin hält Fotos hoch.

Reporterin: Hier sehen Sie… Wir könnten doch eines dieser Bilder im nächsten Jugendfreund abdrucken.

Chef: Das ist keine schlechte Idee. Aber wir bräuchten einmal etwas anderes, etwas Besseres. Einen richtigen Knüller. Wir bräuchten ein Bild von Jesus. Das wäre es!

Reporterin: Was, ein Bild von Jesus?

Chef: Ja genau, von Jesus sollten Sie ein Bild bringen. Was meinen Sie, wie die Kinder staunen würden: Jesus auf der Titelseite!

Reporterin: etwas verwirrt. Wie – wie soll ich das denn schaffen?

Chef: Wenn jemand das schafft, dann Sie. Heute ist doch wieder Kinderkirchentag in… Fahren Sie dorthin und bringen Sie ein Bild von Jesus mit!

Reporterin geht ab.

Chef: Hoffentlich schafft sie es. Das würde unserem Jugendfreund guttun. Und auch ich hätte gerne mal ein Bild von Jesus in der Hand. Was da wohl zu sehen wäre?

Telefon klingelt, Chef nimmt den Hörer ab.

Chef: Ja, Sie… Was?… Schwierigkeiten?… Sie kriegen das schon hin. Also machen Sie es gut. Ich muß jetzt dringend weg. Dann bis morgen.

Chef nimmt Mantel und Hut und geht schnell ab.

Reporterin kommt auf die Bühne.

Reporterin: Da bin ich nun bei euch auf dem Kinderkirchentag. Aber wie soll ich denn ein Bild von Jesus machen? Andere Fotografen vor mir haben das auch nicht geschafft. Wo hält sich Jesus überhaupt auf? Wo soll ich ihn denn suchen?
Kinder, ihr hört bestimmt eine Geschichte von Jesus. Ich kann mich noch an ein Wort von ihm erinnern: »Wo Menschen in meinem Namen zusammen sind, da bin ich bei Ihnen.« Ich bleibe einfach hier bei euch und warte auf ihn. Und wenn er da ist, dann mache ich meine Bilder. Laßt euch von mir nicht stören, ich setze mich da hinten neben die Türe, damit ich Jesus nicht verpasse. Und wenn es für mich interessant wird, dann komme ich wieder nach vorne.

Reporterin geht ab. Büro abbauen.

Lied »Wohin soll ich gehn«

2. Szene: Leben in der Stadt Jericho

Bartimäus wird herbeigetragen und an seinen Bettlerplatz am Weg in die Stadt abgesetzt. Zachäus nimmt seinen Platz an der Zollstelle hinter dem Schlagbaum ein. Er putzt seine Schranke. Wenn Leute kommen, stellt er sich neben die Schranke und kassiert den Zoll. Ein Ortsschild »Jericho« wird entrollt und ein Marktstand aufgebaut, um die Stadt Jericho auszuweisen.

Marktfrau: Kauft Gemüse, frisches Gemüse. Kauft Obst, frisches Obst. Beste Ware. Im Sonderangebot sind Datteln, ganz süß. Kauft, Leute, kauft. Hier gibt's nur frische Ware.

Nachbarin: Marktfrau, hast du auch frische Orangen und Bananen? Gib mir von jedem ein Pfund. Und dann noch einen Korb mit Zwiebeln.

Zwei Stoffhändler packen ihre Waren zusammen und schimpfen über das schlechte Geschäft und die hohen Steuern.

1. Stoffhändler: So ein schlechtes Geschäft haben wir schon lange nicht mehr gemacht. Kein Mensch kauft unsere Stoffe, obwohl die doch von allerbester Qualität sind.

2. Stoffhändler: Und die wunderschönen Farben. Da machen wir uns auf den weiten Weg, und dann verkaufen wir so wenig. Das reicht gerade, um die Unkosten zu decken. Und dann müssen wir noch dem Halsabschneider von Zöllner das Geld in den Rachen schmeißen. Das ärgert mich am meisten.

Während der Rede gehen zwei Pharisäer schweigend über die Bühne, hören aber den Händlern zu. Die zwei Stoffhändler verlassen die Stadt: Am Zoll gibt es einen Wortwechsel mit Zachäus.

1. Stoffhändler: Geldabschneiderstadt! Solange du am Zoll sitzt, kommen wir nie mehr! Hier muß man ja mehr bezahlen, als man einnimmt.

Zachäus: Wegen dem bißchen Zoll, den ich von euch verlange, so ein Geschrei zu machen. Ihr habt genug verkauft. Also sollt ihr auch zahlen. Und wenn ihr mir Ärger macht, hole ich die Soldaten des römischen Kaisers. Für den treibe ich den Zoll ja ein.

2. Stoffhändler: Und für dich fällt da gar nichts ab, oder? Du Halsabschneider, du elendiger. In diese Stadt kommen wir nicht wieder, daß du es nur weißt.

Die Händler gehen weg, am bettelnden Bartimäus vorbei. Er macht sich deutlich bemerkbar, aber die Händler sehen ihn nicht.

Bartimäus: ruft laut. Soviel Geld habt ihr verdient, gebt mir ein Almosen!

1. Stoffhändler: Wende dich an den Zöllner, den Geldabschneider! Der hat genug. Uns bleibt ja selbst nichts mehr.

Bartimäus sinkt traurig in sich zusammen. Zwei Musikalienhändler kommen den Stoffhändlern entgegen; sie wollen in die Stadt hinein.

Musikalienhändler: Na, kein Geschäft gemacht! Ihr macht ja so sauere Gesichter!

2. Stoffhändler: Ihr werdet es schon erleben! Das lohnt sich nicht! Besonders der dort, der Zöllner, kassiert ganz schön ab. So ein unverschämter Kerl! Steckt sich noch jede Menge von dem Zoll in die eigene Tasche, der Halsabschneider. Anzeigen sollte man ihn! Aber das hilft ja nichts. Die Römer schützen ihn.

Die Reporterin hat sich den Musikalienhändlern angeschlossen. Hinter ihnen geht sie auf den Schlagbaum zu. Kopfschüttelnd sieht sie auf Bartimäus, aber sie spricht ihn nicht an und gibt ihm auch nichts.

Zachäus: Halt! Wenn ihr in die Stadt wollt, dann zahlt Zoll. So ist es vorgeschrieben. Für euch, die Lasttiere und eure Instrumente.

Musikalienhändler: Was, auch für die Instrumente müssen wir zahlen? Wir haben doch noch gar nichts verkauft!

Zachäus: Das ist egal. Ihr müßt zahlen, sonst rufe ich die Soldaten.

Die Musikhändler zahlen mißmutig, gehen über die Bühne, schauen sich um, gehen ab.

Zachäus: Halt, Frau! Du mußt auch zahlen, wenn du in die Stadt willst.

Die Reporterin zeigt ihren Presseausweis. Zachäus schüttelt den Kopf.

Zachäus: Was soll das denn für ein Papier sein? Da ist ja gar kein römisches Siegel drauf. Also mußt du zahlen.

Reporterin: Was, der Ausweis gilt hier nichts? Ich bin schon viel herumgekommen, aber so etwas ist mir noch nicht passiert. *zahlt.*
Darf ich dann wenigstens noch ein Foto machen? Das glaubt mir ja sonst keiner.

Sie darf ein Foto von Zachäus machen und geht in die Stadt.

Lied »Der Zachäus ist ein Zöllner« Vv 1,2,8

3. Szene: Jesus auf der Spur

Die Reporterin geht zum Stand der Marktfrau. Sie kauft sich eine Banane und hört, wie sich die Frauen unterhalten.

Marktfrau: Dieser Zöllner Zachäus, der macht uns noch alle kaputt. Für alles verlangt er Zoll. Viel zuviel Zoll. Der steckt sich davon die Hälfte in die eigene Tasche. Das kann er nur, weil die römischen Soldaten ihn schützen. Sonst ginge es dem Kerl an den Kragen.

Nachbarin: Was hat der denn von seinem ganzen Geld? Ich will dir etwas sagen: In Wirklichkeit ist der genauso arm wie der Bartimäus, der am Tag bettelt. Der Blinde sieht nichts, darum ist er arm. Den Zachäus sieht keiner gern, darum ist er arm. Noch dazu ist er klein. Keiner nimmt ihn ernst, wenn er nicht am Zollhaus sitzt.

Römische Soldaten marschieren über den Marktplatz. Zachäus öffnet eilfertig den Schlagbaum und grüßt sie unterwürfig. Zwei Pharisäer beobachten den Vorgang.

1. Pharisäer: *empört.* Sieh nur, wie unbehelligt diese Kerle

Eingang und Ausgang haben. Pfui, dieser Römerfreund! Den sollte man mal so richtig...

2. Pharisäer: Du hast recht. Dem Verräter und Halsabschneider geschieht's recht. Aber laß uns von hier verschwinden, ich will dem Römerpack aus dem Weg gehen.

Pharisäer gehen ab. Ein Wirt ist neben die Reporterin an den Marktstand getreten.

Wirt: Ich brauche wieder das Übliche. Laßt es mir rüberbringen. zur Reporterin gewandt. Sie sind wohl fremd hier. Kann ich Ihnen helfen?

Reporterin: Ja, ich komme von der Zeitschrift Jugendfreund. Ich bin heute zum ersten Mal in Jericho.

Wirt: Das ist ja interessant. Sie kommen von einer Zeitung. Jericho ist eine schöne Stadt. Wenn Sie wollen, führe ich Sie herum; unsere Stadt bietet viele Sehenswürdigkeiten.

Reporterin: Wissen Sie, ich bin nicht so sehr wegen der Häuser gekommen, ich suche jemanden... ich suche Jesus.

Wirt: Von dem habe ich schon gehört, aber er wohnt nicht in Jericho. Übrigens, haben Sie schon ein Bett für die Nacht? Hier nebenan ist mein Gasthof. Ich habe noch Zimmer frei.

Die Reporterin willigt ein. Der Wirt führt sie zu seinem Haus. Unterwegs schimpft er.

Wirt: Wissen Sie, früher war das besser. Da waren viel mehr Leute bei uns in Jericho. Aber seit der Zachäus Zöllner ist, kommen immer weniger Leute, weil der so unverschämte Zölle verlangt. Für alles muß man da zahlen. Aber keiner traut sich, etwas gegen ihn zu machen, weil die Römer ihn beschützen. Sonst wäre der nicht mehr lange da.

Wirt und Reporterin gehen von der Bühne.

4. Szene: Jesus und der blinde Bartimäus

Zachäus schließt den Schlagbaum und verläßt die Zollstation. – Schild »Geschlossen«. Bartimäus bleibt sitzen und stimmt eine Klage an.

Bartimäus: Ich, der Blinde, sitze hier!
Ein Geldstück bitte, wer gibt es mir?

Ich, der Blinde, muß betteln gehn,
viele schauen weg und wolln mich nicht sehn.

Ich, der Blinde, hab keinen Freund,
und es gibt keinen, der's gut mit mir meint.

Ich, der Blinde, rufe zu Gott:
Wann schickst du mir endlich ein gutes Wort?

Ich, der Blinde, möchte gern sehen.
Sag, großer Gott, kannst du das verstehen?

Ich, der Blinde, sitz vor der Stadt.
O Gott, wie hab ich das Betteln so satt!

Klage mündet ein in eine fröhliche Einzugsmelodie, die bereits bei den letzten beiden Klageversen einsetzt.

Lied »Als Jesus kam nach Jericho« Vv 1–3

Jesus kommt mit den Jüngern durch die Halle und sammelt »Volk« aus den Sitzgruppen der Kinder, mit dem er nach Jericho zieht. Musik hört leise auf.
Bartimäus hört, daß viele Menschen vorbeikommen, und möchte wissen, warum es einen Auflauf gibt.

Bartimäus: Was ist denn hier los? Sagt mir doch, was da los ist?... Was, der Jesus ist da? Der Jesus, der die Kranken heilt?... Da muß ich hin, der muß mir helfen. Helft mir doch, daß ich zu Jesus komme. Warum helft ihr mir denn nicht?... Jetzt schreie ich ganz laut. Jesus kann mich heilen. Ich spüre das.

Bartimäus: schreit. Jesus, Jesus... erbarme dich über mich! Hilf mir. Ich will wieder sehen können.

Lied »Als Jesus kam nach Jericho« V 4

Heilung pantomimisch: Jesus bleibt stehen. Geste: Holt ihn! Bartimäus wird gebracht. Heilung: Jesus legt Bartimäus die Hände auf und nimmt ihm dann die Augenbinde ab.

Bartimäus: Ich kann wieder sehen. Ich kann wieder sehen. Das hat Jesus gemacht. Hört Leute, ich kann wieder sehen. Ich bin nicht mehr blind. Jesus hat mir geholfen.

Marktfrau ist näher getreten und beobachtet die Begegnung. Sie erlebt mit, wie Jesus Bartimäus heilt. Nachdem Bartimäus sehen kann, eilt die Marktfrau voraus.

Marktfrau: Jesus kommt nach Jericho! Er hat Bartimäus geheilt! Ich habe es selber gesehen.

Einer der Jünger öffnet den Schlagbaum, und Jesus zieht in Jericho ein.

5. Szene: Jesus und der Zöllner Zachäus

Auf dem Marktplatz versammeln sich die Leute. Alle umringen Bartimäus und Jesus. Zachäus kommt aus seinem Haus, um zu sehen, was los ist. Er umrundet die Gruppe; keiner läßt ihn durch. Er kann auch nicht über die anderen hinwegsehen, weil er zu klein ist. Er bleibt am Bühnenrand stehen und beklagt seine Lage. Figuren bleiben als »Standbild« auf der Bühne.

Zachäus: Ich, der Zöllner, bin ziemlich klein,
möchte so gerne viel größer sein.

Ich, der Zöllner, sitze am Zoll,
und abends ist meine Kasse voll.

Ich, der Zöllner, ich weiß recht gut,
wie man zu Geld kommt und was man da tut.

Ich, der Zöllner, kann's nicht ausstehen,
wenn die Leute von Jericho mich übersehen.

Ich, der Zöllner, hab keinen Freund,
und es gibt keinen, der's gut mit mir meint.

Ich, der Zöllner, hab zwar viel Geld,
aber denkt nicht, daß mir das Leben gefällt.

Ich, der Zöllner, bin oft so allein.
O Gott, wird das jemals anders sein?

Lied »Der Zachäus ist ein Zöllner« Vv 3–7+9

Begegnung pantomimisch: Zachäus besteigt einen Baum, um besser zu sehen. Die beiden Pharisäer, die das ganze Geschehen aus dem Abstand heraus beobachten, entdecken Zachäus auf dem Baum und spotten. Dadurch werden auch die Menschen um Jesus aufmerksam und lachen Zachäus aus. Da steht Jesus auf; er geht über den Marktplatz und bleibt unter dem Baum stehen. Zachäus klettert herunter und lädt Jesus in sein Haus ein. Die Pharisäer stehen kopfschüttelnd und gestikulierend davor – betroffenes Gemurmel. Bartimäus geht mit ins Haus. Leise beginnt eine orientalische Feiermusik (instrumental). Zachäus kehrt noch einmal allein zurück und lädt alle zum Fest ein.

Zachäus: Ihr habt es gesehen. Jesus ist zu mir gekommen, zu mir, dem Zöllner. Keiner will sonst mit mir feiern. Jesus schon. Das finde ich wirklich gut. Ich muß gleich wieder zurück und dafür sorgen, daß meine Gäste genug zu essen haben. Ich kann euch gar nicht sagen, wie ich mich freue, daß Jesus mein Gast ist. Ich lade euch auch alle ein: Feiert mein Fest mit. Da, nehmt euch von den frischen Bananen. Eßt und freut euch mit mir, daß Jesus unser Gast ist.

Gemeinsame Festphase

Lied »Ich lade dich ganz herzlich ein«

Nach dem Fest: Zachäus kommt mit Jesus, den Jüngern und Bartimäus aus dem Haus. Alle gehen über den Marktplatz zur Zollstelle. Zachäus verabschiedet sich von Jesus. Er bleibt am Zoll zurück. Bartimäus zieht mit Jesus hinaus. Im Hintergrund leise musikalische Untermalung.

6. Szene: Jesus bewirkt Veränderungen

Marktfrau und Nachbarin unterhalten sich. Jetzt erscheint die Reporterin wieder; sie wird von der Marktfrau angeredet.

Marktfrau: Haben Sie ihn getroffen?

Reporterin: Wieso, was war denn los? War Jesus etwa da?... Oh, nein. Ich habe ihn verpaßt.

Marktfrau: Ja, waren Sie denn vorhin nicht dabei? Die ganze Stadt war doch auf den Beinen. Jesus hat den blinden Bartimäus geheilt. Stellen Sie sich vor, der kann wieder sehen. Und dann ist Jesus bei dem Zöllner Zachäus ins Haus eingekehrt und hat dort sogar mit ihm gegessen. Er soll sich daraufhin verändert haben.

Nachbarin: einlenkend. Ich habe es ja schon immer gesagt, Zachäus ist gar kein so schlechter Mensch!

Beide Pharisäer kommen über die Bühne nach vorne.

1. Pharisäer: ablehnend. Von wegen... Am Ende soll er noch ein guter Mensch sein, auf einmal... Jesus ist in das Haus eines Sünders gegangen.

Sie gehen weiter.

2. Pharisäer: Uns hat Jesus nicht beachtet. Wir sind doch eigentlich die angesehenen Leute in der Stadt; aber zu diesem Zöllner ist er gegangen!

Sie gehen ab.

Wirt: skeptisch. Mal sehen, ob Zachäus sich wirklich geändert hat. Ich glaube nicht, daß das lange vorhält!

Nachbarin: Ich hab's doch selber gehört. Zachäus hat versprochen: Er zahlt vierfach zurück, was er zuviel kassiert hat. Da muß er sich schon sehr geändert haben.

Beide gehen ab.

Reporterin: fragt die Marktfrau. Und der blinde Bettler, wo ist der jetzt?

Marktfrau: Der ist mit Jesus und seinen Jüngern weitergezogen, so begeistert war er. Den hat's gepackt – und mich auch!

Reporterin: Und warum sind Sie nicht mit ihm gezogen?

Marktfrau: Warum soll ich denn mitziehen? Ich wohne doch hier. Aber ich habe ihn noch vor Augen! Wie der den Blinden angeschaut hat – und den Zöllner erst. Der Jesus hat ein Herz besonders für uns kleine Leute.

Reporterin: Jesus hat Sie ganz schön beeindruckt.

Marktfrau: Ich habe gesehen, wie sehr Jesus die Menschen mag. Mich hat er auch angeschaut. *Nimmt eine Obstkiste.* Mich mag er. Das kann mir keiner nehmen.

Marktfrau geht ab.

Reporterin: Das merkt man... Jetzt hab ich's: Diese Menschen tragen Jesus in ihrem Herzen; das sehe ich in ihren Gesichtern. Da brauchen sie kein Bild mehr von ihm! Und ich? Ich brauche auch kein Bild von ihm. Versteht ihr? – Jesus ist gekommen, er hat die Menschen angeschaut. Ihre Gesichter strahlen, weil er sie mag. Solche Gesichter fotografiere ich. Sie zeigen, wer Jesus ist.

Die Reporterin passiert wieder den Schlagbaum, um Jericho zu verlassen.

Zachäus: Das ist gut, daß ich Sie wiedersehe. Ich muß Ihnen etwas geben. Hier haben Sie Ihr Geld zurück, das ich vorhin zuviel kassiert habe.

Die Reporterin ist erstaunt.

Reporterin: Ach, Sie sind der Zöllner Zachäus, von dem die Leute reden. Bei Ihnen war Jesus zu Gast. Habe ich nicht von Ihnen schon ein Foto? Aber jetzt strahlen Sie ja so. Da brauche ich noch ein Bild, bevor ich wieder nach Hause gehe.

Verabschiedung

Lied »Laßt euch anstiften zur Freude«

7. Szene: Ein Jesusbild

Beim Lied wird das Büro wieder aufgebaut. Die Reporterin geht am Ende des Liedes auf die Bühne zurück. Sie trifft ihren Chef.

Chef: Na, haben Sie etwas?

Reporterin: Mhh – tja – mhh, ja...

Chef: Zeigen Sie mal her.

Reporterin zeigt Bilder von Bartimäus und Zachäus.

Reporterin: Das ist der Zachäus! Und das ist der Bartimäus! Das sind die Kinder! Und das bin ich!

Chef: Sie? Die Kinder? Was soll das denn? Und wo ist Jesus? Ein Bild von Jesus brauchen wir.

Reporterin: Ein Bild von Jesus habe ich nicht. Aber wir alle *deutet auf die Bilder.* haben etwas mit Jesus erlebt. Jesus ist uns begegnet, und das kann man doch sehen!

Chef: Tja... ich sehe, ich sehe eigentlich nichts Besonderes... nur... fröhliche Gesichter.

Reporterin: Ja, das ist es! Wenn Jesus einem begegnet, dann sieht man das. Das weiß ich jetzt!

Sie nimmt den Jugendfreund wieder zur Hand, in dem die Bilder noch fehlen.

Reporterin: In den freien Platz möchte ich die Bilder der Menschen von Jericho einfügen, besonders die von Bartimäus und Zachäus, aber auch von uns.

Der Chef stimmt zu.

Chef: Wir brauchen Geschichten, die davon erzählen, was wir mit Jesus erleben. Wir brauchen Fotos von Menschen, in denen wir Jesus sehen! Fotos mit fröhlichen und glücklichen Menschen.

Chef und Reporterin kleben Bilder in den Jugendfreund ein. Während des Liedes gehen sie ab.

Lied »Wir fangen an fröhlich zu sein«

Sendung

Segen

Auf daß mein Haus voll werde

Das große Gastmahl (Lukas 14, 15-24)

Gleichnisse und ihre Botschaft jüngeren Kindern in verständlicher Weise darzubieten, wird von vielen Theologen und Pädagogen als zu schwierig angesehen und deshalb unterlassen. Der hier vorgestellte Entwurf zum Gleichnis vom großen Festmahl zeichnet sich durch eine besondere Weise der Vermittlung der Botschaft aus: durch das Einbeziehen der Kinder in die Spielhandlung und das gemeinsame Feiern.

Die Gemeinschaft aller bleibt aber nicht nur auf das Gottesdienstfeiern begrenzt, sondern zieht sich durch die gesamte Veranstaltung hindurch, besonders durch die Angebote der Spielstraße.

Das »Eingeladensein« dauert an – diese Botschaft nehmen die Kinder von diesem Tag mit.

Rollen:
 – Sprechtexte:
 – Moderator
 – verschiedene Chorführer (nach Anzahl der Farben)
 – Hausherr
 – Knecht Raffi

ohne Text:
 – Blinde
 – Bettler
 – Penner
 – Gelähmte

Material:
 – großer Tisch mit festlicher Eindeckung
 – gefüllte Picknickkörbe
 – Papiertischdecke
 – verschiedenfarbige Bänder für Gruppeneinteilung oder für jedes Kind/jeden Chorführer ein farbiges Stirnband

Eröffnung

Begrüßung

Gebet

Lied »Der Himmel geht über allen auf«

Moderator: Gott lädt alle zu sich ein. Die Großen und die Kleinen. Die Schwachen und die Starken. Die aus den Städten und die aus den Dörfern. Fremde und Einheimische, und, und, und…
Dazu erzählt Jesus einmal eine Geschichte, und die fängt so an: Es war einmal ein Hausherr, der wollte ein großes Fest feiern. Er lud viele dazu ein.
Aber… Moment mal, bevor ich euch die Geschichte erzähle, spielen wir sie. Ihr könnt alle mitspielen. Ihr braucht nur das nachzumachen und nachzusprechen, was euer Chorführer jeweils vorspricht und vormacht.
Jede Farbe/Gruppe hat ihren Chorführer. Alle mit einem blauen Stirnband zum Beispiel haben einen »blauen« Chorführer. Wenn er etwas vorspricht, sprechen es alle »Blauen« nach.
Das probieren wir jetzt einmal:

Chorführer blau: Hallo ihr!

Alle: Hallo ihr!

Chorführer blau: Geht es euch gut?

Alle: Geht es euch gut?

Moderator: Gut macht ihr das! Genauso geht das natürlich auch bei den Roten, Gelben, Grünen usw. Probieren wir es doch bei den Gelben.

Chorführer gelb: Seid ihr auch da?

Alle: Seid ihr auch da?

Chorführer blau: Gleich geht es los!

Alle: Gleich geht es los!

Moderator: Ja, gleich geht es los. Nun beginnt unsere Geschichte. Seht, da kommt schon unser Hausherr.

Hausherr: ruft. Raffi! Wo ist denn dieser Kerl nur? Wenn man ihn braucht, dann ist er nicht da. Raaaffiiii! Ah, da kommt er ja. Endlich!

Knecht: Ja, mein Herr. Du hast gerufen.

Hausherr: Raffi, du weißt doch, heute feiern wir endlich das große Fest, auf das ich mich schon so lange freue. Zwei Wochen lang haben wir es bereits vorbereitet: das Haus geputzt, den Garten in Ordnung gebracht, die köstlichsten Speisen vorbereitet. Sieh hier: Gänseleberpastete!

Knecht: Hmmm!

Hausherr: Gebratenes Hühnchen!

Knecht: Hmmm!

Hausherr: Gefüllte Früchte!

Knecht: Lecker!

Hausherr: Du weißt doch noch, wen wir vor 14 Tagen alles schriftlich eingeladen haben: den Bürgermeister, die Lehrerin, den Arzt und all die vielen Freunde in der Stadt. Gehe nun hin und sag ihnen: »Kommt, denn es ist alles bereit. Das Fest kann beginnen.« Los, beeil dich.

Knecht: Ich bin schon unterwegs.

Lied »Es lädt ein Mann zum Festmahl ein« Vv 1–2

Der Knecht läuft in die Menge der Kinder. In einem Block bleibt er stehen.

Knecht: Hallo, seid gegrüßt. Mein Herr schickt mich. Erinnert ihr euch noch an die Einladung zu dem großen Fest, die ihr vor zwei Wochen bekommen habt?

Chorführer blau: Ja!

Alle: Ja!

Die Wiederholung durch alle wird im folgenden nicht mehr ausgeschrieben. Schrägstrich / bedeutet Wiederholung.

Knecht: Nun, ihr könnt kommen. Es ist alles bereit.

Chorführer blau: Na ja…/

Knecht: Was heißt hier »Na ja«?

Chorführer blau: Ich weiß nicht./Ich glaube, ich kann nicht kommen./

Knecht: Warum?

Chorführer blau: Keine Zeit!/Ich habe heute ein neues Auto gekauft./Nun mache ich einen Wochenendausflug./Tut mir leid!/

Lied »Es lädt ein Mann zum Festmahl ein« Vv 3–4

Währenddessen geht der Knecht zur nächsten Gruppe.

Knecht: Seid gegrüßt. Gut, daß ich euch antreffe. Mein Herr schickt mich wegen der Einladung zum großen Fest. Ihr erinnert euch doch?

Chorführer rot: Ja!/

Knecht: Also, es ist alles vorbereitet: der Festsaal gerichtet, das Essen bereitet. Ihr könnt kommen.

Chorführer rot: Jetzt?/Sofort?/Alles bereit?/Das geht nicht!/Jetzt doch nicht!/

Knecht: Wieso nicht?

Chorführer rot: Wir haben zu tun!/Die Arbeit./Die Schule./So viel zu tun./Du verstehst doch./Überstunden./Geld verdienen./Erst die Arbeit./Dann das Vergnügen./Wir können nicht kommen./Tut uns leid!/

Lied »Gott gibt ein Fest«

Knecht geht zur nächsten Gruppe.

Knecht: Guten Tag. Schön, euch zu sehen. Es ist endlich soweit. Ihr wißt doch: die Einladung zum großen Fest!

Chorführer gelb: Ach ja!/Was ist damit?/

Knecht: Es ist alles bereit. Ihr könnt kommen. Der Tisch ist gedeckt. Die Speisen sind vorbereitet.

Chorführer gelb: Heute?/Zum großen Fest?/Wir feiern doch Hochzeit heute!/Wie sollen wir da kommen?/

Knecht: Aber ihr seid doch eingeladen!

Chorführer gelb: Nein./Keine Zeit./Heute nicht./Ein andermal./Schönen Gruß./

Lied »Gott gibt ein Fest«

Der Knecht geht zur nächsten Gruppe.

Knecht: Na, nun bin ich aber gespannt. Nur Absagen. Das kann ja heiter werden. Ein Fest ohne Gäste! Hallo ihr. Es ist soweit.

Chorführer grün: Was ist soweit?/

Knecht: Das große Fest kann steigen.

Chorführer grün: Ach so./Das geht nicht./Keine Zeit./Ich

fahre morgen in Urlaub./ Ich muß Koffer packen./Ist doch klar./Ein andermal./Seid nicht böse!/

Lied »Das große Festessen« Vv 1–3

Knecht geht zur nächsten Gruppe.

Knecht: Oh je. Ich glaube, das Fest fällt ins Wasser. Na ja. Ein letzter Versuch noch.

Seid gegrüßt. Ich habe eine Nachricht für euch von meinem Herrn. Ihr wißt doch von dem Fest, das er geben will. Es ist soweit. Alles ist vorbereitet. Ihr könnt kommen.

Chorführer braun: Oh, das tut mir leid!/

Knecht: Was tut euch leid?

Chorführer braun: Es geht nicht./

Knecht: Was geht nicht?

Chorführer braun: Wir können nicht kommen./Wir bauen ein Haus./Da ist viel zu tun./ Das Dach muß gedeckt werden./Die Fenster eingesetzt./Die Wände gestrichen./Keine Zeit, zum Fest zu kommen./Tschüß!/

Lied »Wir feiern heut ein Fest«

Währenddessen geht der Knecht langsam, gebeugt, ratlos und verwundert, was sich in seinen Gesten ausdrückt, zurück zur Bühne.

Knecht: Wie soll ich das nur meinem Herrn beibringen? Keiner will kommen. Nur Absagen. Ich glaube, das Fest muß wohl ausfallen. Schade um die schönen Speisen: das Hühnchen, die Gänseleberpastete, die gefüllten Früchte.

Hausherr: Da bist du ja endlich wieder, Raffi. Na – wer wird alles kommen?

Knecht: Hm – tja…

Hausherr: Was soll das heißen – hm – tja…?

Knecht: Mein Herr, niemand will kommen. Keiner hat Zeit. Alle haben sie etwas anderes vor.

Hausherr: Was? Keiner will zu dem Fest kommen? Keiner hat Zeit? Was kann es denn Wichtigeres geben als eine Einladung zu einem schönen Fest.

Knecht: Die einen haben sich ein neues Auto gekauft, das müssen sie ausprobieren. Die einen haben zuviel Arbeit. Die anderen feiern Hochzeit, einer fährt gerade in Urlaub, und die anderen bauen ein Haus. Ich glaube, das Fest muß ausfallen.

Hausherr: Nein! Wir feiern unser Fest. Wir laden uns andere Gäste ein. Gehe hinaus auf die Straßen und Plätze der Stadt und lade alle ein, die du triffst. Auch die Obdachlosen, die Alkoholiker, die Penner, die Blinden und Lahmen, die Ausländer und Flüchtlinge. Alle, die du triffst. Los, Raffi, auf! Hole sie alle her zu unserem Fest.

Lied »Schenk uns Zeit«

Am Rande des Zeltes stehen, sitzen, liegen verkleidete Personen – Mitarbeiterinnen und Mitarbeiter, ältere Kinder etc. – als Blinde mit Blindenstöcken, Penner mit Bierflaschen, Gelähmte mit Krücken etc.; die werden nun eingeladen.

Knecht: Hallo, ihr! Mein Herr feiert heute ein großes Fest. Es gibt zu essen und zu trinken. Es gibt Musik und Tanz. Ein fröhliches Fest. Ein schönes Fest. Ihr seid alle dazu eingeladen! Kommt, denn es ist alles vorbereitet!

Lied »Das Festmahl«

Währenddessen holt der Knecht Raffi die Blinden, Lahmen etc., sie setzen sich in einer langen Prozession langsam in Bewegung hin zum vorbereiteten Tisch. Sie nehmen Platz.

Knecht: Herr, sieh. Nun sind die Gäste da. Schau, wie sie fröhlich essen und trinken. Aber da ist noch viel Platz am Tisch. Sieh doch einmal!

Nun wird die Tischdecke ausgerollt. Wenn möglich über die ganze Wiese. Das Zelt/die Halle sollte deswegen zu einer Seite hin offen sein. Mitarbeiterinnen und Mitarbeiter decken nun mit Picknickkörben die ausgerollte Tischdecke. Alternative bei schlechtem Wetter: Feiergruppen innerhalb der Kindergruppen einrichten.

Knecht: Dort stehen noch so viele Sachen. Es ist noch so viel Platz. Wir können noch mehr einladen.

Hausherr: Ja, geh noch einmal hinaus und lade alle ein, die da draußen sind, und überrede sie, hereinzukommen, damit mein Haus voll werde!

Der Knecht zieht noch einmal hinaus in die Menge der Kinder.

Knecht: Ihr Kinder aus... Wollt ihr nicht teilnehmen am großen Fest?

Chorführer blau: Ja.

Alle: Ja.

Knecht: Dann kommt an den Tisch.

Bei schlechtem Wetter: kleine Gruppen bilden. Mitarbeiterinnen und Mitarbeiter bringen Picknickkörbe in die Gruppen.

Chorführer blau: Kommt, laßt uns gehen.

Chorführer geleitet die Kinder zum Tisch.

Instrumental- »Wir feiern heut ein Fest«
musik *leise*

Knecht: Es ist immer noch Platz da. Ihr Kinder aus... Wollt ihr nicht auch teilnehmen am großen Fest?

Chorführer rot: Ja!

Alle Kinder werden jetzt nacheinander eingeladen. Wenn alle am Tisch sitzen und die Feiergruppen eingerichtet werden, geht es weiter.

Lied »Komm, sag es allen weiter«

Hausherr: Und nun laßt es euch schmecken. Eßt und trinkt und seid fröhlich.

Gemeinsames Essen.

Hausherr: Unser Fest geht noch weiter. Horcht, die Musik spielt schon. Wir machen einen großen Kreis oder auch zwei oder mehrere kleinere Kreise, um zu tanzen.

Lied und Tanz

»Laßt uns feiern, laßt uns lachen«

Tanzbeschreibung: Vers 1 Laßt uns feiern...: Die Kinder fassen sich an die Hände und gehen im Kreis.

Kommt herein...: Die Kinder machen einladende Gesten.

Unser Fest soll...: Die Kinder klatschen auf 2 und 4 (der Taktzählzeit).

Refrain Falala...: Die Kinder tanzen zu zweit zunächst rechts, dann links herum bis zur Stelle »Kommt herein«. Ab da können die Bewegungen wie im Vers angegeben gespielt werden.

Hausherr: Und nun seid ihr eingeladen zum Spielen, Basteln und vielem anderen. Auch das gehört zu unserem Fest. Mit den Mitarbeiterinnen und Mitarbeitern könnt ihr jetzt zu den vielen Spiel- und Bastelständen gehen, die hier überall aufgestellt sind. Um... Uhr treffen wir uns wieder. Die Musik wird dann spielen, und wir alle kommen hier wieder zusammen.

Spiel- und Bastelphase. Anschließend musikalischer Rückruf.

Hausherr: Da seid ihr ja wieder alle. Na, hat euch das Fest Spaß gemacht?

Reaktion der Kinder abwarten

Sag mal, Raffi. Wie fandest du denn das Fest?

Knecht: Toll war es. Die Gänseleberpastete, die Hühnchen und die gefüllten Früchte. Hm! Aber das Schönste war: all die vielen fremden Leute, die hier waren, und daß die sich so gut verstanden haben. Warum hast du die alle eingeladen, Herr?

Hausherr: Ich will es dir sagen, Raffi. Dir und euch allen! So ist das auch bei Gott. Er lädt alle ein. Nicht nur die Guten und Glücklichen. Sondern auch die Traurigen und Bedrückten. Alle lädt er ein zu sich. Davon laßt uns singen.

Lied »Guter Gott, wir danken dir«

Moderator: Das Spiel ist jetzt aus. Ich hoffe, es hat euch Spaß gemacht. Und ich glaube, ihr habt es alle gemerkt: Gott lädt alle ein. Er schließt keinen aus.

Sendung

Segen

Hand in Hand mit Gott

Symbol Hand

Mit dem Kinderkirchentag »Hand in Hand mit Gott« wurde ein Kinderkirchentag zu einem Symbol entworfen. Intention war, einmal anders als sonst mit den Kindern thematisch zu arbeiten. Die Entscheidung fiel für das Symbol Hand, weil die Hand den Kindern sehr leicht zugänglich und bereits vertraut ist. Verschiedene Aspekte des Symbols Hand sollten erfahrungsorientiert vorgestellt und gemeinsam erschlossen werden. Ausgewählt wurden:
– die Hand, die Neues schaffen kann,
– die Hand, die teilen kann,
– die Hand, die segnen kann.
Dazu wurden pantomimische Szenen und Meditationen entwickelt.
Für die Gesamtgestaltung ist wichtig, die zwischenmenschliche Beziehungsebene ebenso wie die Beziehung Mensch-Gott zu erfassen. Deshalb trägt der Kinderkirchentag auch den Titel »Hand in Hand *mit* Gott«.
Eine überdimensionale Hand hat die Erzählerrolle. Sie übernimmt die erfahrungsorientierten und meditativen Zugänge zum Symbol Hand. Wichtig ist, daß die »Hand« die Kinder während der ganzen Veranstaltung begleitet. Auch daß in der Spielstraße Bastelaktionen und Spiele mit der Hand gemacht werden, z.B. mit Händen auf Papier oder Stoff drucken, ein Pflänzchen oder ein Samenkorn einpflanzen, Greif- und Tastsäcke vorhanden sind.

Rollen: Sprechtexte:
– Moderator
– große Hand
ohne Text:
– 4 Spieler mit farbigen Handschuhen, sonst dunkel gekleidet. Sie übernehmen bei den Szenen auch die pantomimische Darstellung, dann allerdings ohne Handschuhe
– Jesus
– Jünger
– Volk, darunter einige Kinder

Material: – unterschiedliche farbige Handschuhe für 4 Spieler
– große Hand (aus Stoff, wie einen Handschuh nähen und ein Loch für das Gesicht ausschneiden, d.h. eine Person wird als »lebende Hand« verkleidet oder eine überdimensionale Hand aus Schaumstoff oder Pappe herstellen)
– farbige Bänder (in denselben Farben wie die Handschuhe) für Halleneinteilung (an eine Fahrradfelge von der Mitte der Halle zu den Wänden hin spannen); ebenso farbige Schnüre für Liederhefte zum Umhängen.

Eröffnung

Begrüßung

Gebet

Lied »Kinder können viele Sachen«

Moderator: Liebe Kinder, in diesem Jahr haben wir uns etwas Besonderes ausgedacht und für euch vorbereitet. Wir wollen uns gemeinsam mit einem Teil unseres Körpers beschäftigen, der für uns ganz wichtig ist. Meistens merken wir das erst dann, wenn dieser Teil nicht so funktioniert, wie wir das gewöhnt sind. Dieser Teil, von dem ich spreche, sind unsere Hände. Mit Liedern, Spielen, Geschichten aus der Bibel und unserem Leben wollen wir an unser Kinderkirchentagsthema »Hand in Hand mit Gott« herangehen.
Ihr seht über euch jeweils andersfarbige Bänder gespannt. Diese Farbe findet ihr wieder bei den Bändern eurer Liedhefte. Außerdem habe ich heute Hände mitgebracht, die ich euch vorstellen möchte. Sie haben dieselbe Farbe wie euer Sitzbereich (Deckenbänder/Liedheftbändel). Mit den roten Händen ist bei uns der/die…; mit den gelben Händen der/die…; mit den blauen Händen der/die… und mit den grünen Händen der/die…

Namen der Spieler einsetzen.

Diese vier Paar Hände machen euch viele schöne Dinge vor. Und ihr könnt dann das nachmachen.
Wie das geht, wollen wir gleich ausprobieren.
Die… mit ihren roten Händen klatscht einmal. Ihr in diesem Bereich mit den roten Deckenbändern macht das gleich einmal nach, aber hört sofort auf, wenn die… aufhört.

Probelauf

Auf der anderen Seite beginnt der… mit blauen Händen zu schnipsen. Ihr in dem Bereich mit den blauen Deckenbändern macht das nach und hört auch gleich auf, wenn… aufhört.

Probelauf

Jetzt machen wir alle gemeinsam etwas, damit wir so richtig in Schwung kommen. Wir schicken mit unseren Händen eine große Welle durchs Zelt. Wie das geht? Ganz einfach: Schaut auf die bunten Hände und macht nach, was sie euch vormachen. Sie machen es einmal vor, und dann geht's los.

Welle machen. Während der Welle kommt die große Hand durchs Zelt auf die Bühne vor. Sie schaut sich immer wieder nach links und rechts, vorwärts und rückwärts um. Auf der Bühne angekommen, stößt sie den Moderator an. Der erschrickt.

Moderator: Ha-, hal-lo, wer bist denn du? Und was machst du bei uns?

Hand: Ich bin die Hand. Und als ich gehört habe, daß es bei euch heute um die Hand geht, bin ich einfach einmal hergekommen. Bei euch ist ja schon eine tolle Stimmung. Und ich bin gespannt, was ihr alles machen wollt. Darf ich euch dabei zusehen?

Moderator: Also Hand, das finde ich schön, daß du zu uns gekommen bist. Aber warum willst du bloß zuschauen? Du weißt doch sicher eine Menge zu erzählen über die Hände. Willst du nicht hier auf der Bühne bleiben und uns Geschichten von Händen erzählen?

Hand: Gerne mach ich das. Als Hand kenne ich viele Geschichten, in denen Hände eine entscheidende Rolle gespielt haben. Davon will ich euch einige erzählen. Aber sag, dürfen wir hier auch singen? Ich würde mit den Kindern so gerne mein Lieblingslied singen: »Es kommt die Zeit«.

Moderator: Liebe Hand, sing mit den Kindern und erzähl ihnen deine Geschichten. Wenn es dir recht ist, setze ich mich zu den Kindern und singe mit und höre dir zu.

Hand nickt, Moderator geht von der Bühne.

Hand: Schön, dann singen wir jetzt alle mein Lieblingslied.

Lied »Es kommt die Zeit«

Nach dem Lied führt die Hand die Kinder zu einer ersten Begegnung mit deren Hand. Die farbigen Hände auf der Bühne machen alles mit. Die Hand muß langsam und mit vielen Pausen sprechen, damit Raum geschaffen wird für diesen erfahrungsorientierten Zugang.

1. Szene: Was unsere Hände alles können

Hand: Schaut euch doch eure Hände genau an. Jede hat fünf Finger: den Daumen, den Zeigefinger, den Mittelfinger, den Ringfinger und den kleinen Finger… alle zusammen bilden eure Hand… eine rechte Hand und eine linke Hand. Die Finger können zappeln oder sich ganz steif machen. Die Hand kann streicheln oder sich zur Faust ballen. Schaut auch jede Hand genau an: Sie haben viele verschiedene Linien. Fahrt die Linien mit dem Zeigefinger der anderen Hand nach und schaut, wo sie enden.
Es gibt große und kleine Hände. Legt eure rechte Hand auf die eures Nachbarn oder eurer Nachbarin und schaut, welche Hand größer und welche kleiner ist.
Und dann probieren wir aus, was unsere Hände alles können.

Was haben wir am Ende
doch für geschickte Hände!
Sie können viele Sachen
bald rechts, bald links schnell machen.

Die Hände können waschen,
sie greifen in die Taschen.
Die Hände können suchen,
sie backen einen Kuchen.

Sie rühren eine Suppe,
sie füttern eine Puppe,
sie lenken einen Wagen
und können Koffer tragen.

Sie spielen auch die Flöte,
die Geige und Trompete.
Sie lassen Peitschen knallen,
die weithin laut erschallen.

Sie schneiden kreuz und quere
mit einer scharfen Schere.
Die Hände können malen,
die Hände schreiben Zahlen.

Was haben wir am Ende
doch für geschickte Hände!
Sie können viele Sachen
ganz zuverlässig machen.

Hand: Was wir mit unseren Händen noch alles machen können, werde ich euch gleich erzählen. Vorher wollen wir wieder ein Lied singen, das mir sehr gut gefällt: »Eine Handvoll Erde«.

2. Szene: Wachsen – größer werden

Lied »Eine Handvoll Erde«

Hand: Wir haben uns vorhin unsere Hände betrachtet und gesehen, was wir mit ihnen alles machen können. Aber unsere Hände können noch viel, viel mehr. Unsere Hände können bauen, etwas schaffen, pflegen und hegen. In die Erde können sie säen oder einen Baum pflanzen.

Hand geht von Bühne ab.

Musik *sehr ruhig, getragen, meditativ*

Pantomime *Mit drei Spielern eine Pflanze darstellen, die langsam wächst; ein Spieler versorgt die Pflanze pantomimisch. Hand muß wieder langsam und mit vielen Pausen sprechen.*

Hand: Am Anfang ist ein kleiner Same, ganz klein, so klein, daß du ihn kaum siehst. Er wird von einer Hand in die Erde gelegt – vorsichtig und behutsam – gegossen und gepflegt. Langsam, ganz langsam wird aus dem Samen ein kleines Pflänzchen. Mit liebevoller Hand wird es umsorgt. Gott schickt die Sonnenstrahlen und die Regentropfen, damit die Pflanze wachsen kann – und sie wächst – immer ein ganz kleines Stück. Von Tag zu Tag wird sie etwas größer. Langsam wird aus der Pflanze ein großer Baum mit starken Ästen, und die Äste wiegen sich sanft im Wind. Vieles ist nötig, damit ein kleiner Same zu so einem großen Baum wird.

Hand kehrt auf die Bühne zurück.

Ihr könnt auch zu so einem großen Baum werden. Jetzt seid ihr klein, aber ganz langsam wachst ihr und werdet größer. Kommt und macht mit!

Wiederholung des Textes. Alle Kinder gestalten die Pantomime wie oben beschrieben mit.

Jetzt ist ein großer Wald voller Bäume entstanden. Jeder ist ein schöner Baum. Es wäre doch schade, wenn dem Wald etwas passiert oder jemand in diesen schönen Wald seinen Müll kippt oder einfach ein paar Bäume ausreißt, damit etwas gebaut werden kann.
Ihr könnt auf die Bäume im Wald achtgeben und die Pflanzen beschützen. Eure Hände und Füße müssen behutsam sein, nur so können wir alle Gottes gute Schöpfung behüten und bewahren.
Da fällt mir wieder ein schönes Lied ein. Das können wir gleich singen. Es heißt: »Ich will behutsam sein«.

Hand und Spieler von Bühne ab.

Lied »Ich will behutsam sein«

3. Szene: Miteinander teilen – Speisung der Fünftausend

Hand: Wir machen uns Sorgen um die Schöpfung Gottes. Aber wir sollen uns auch um andere Menschen sorgen.
Ich kenne eine Geschichte, über die ich immer wieder staune und in der sich die Jünger Jesu Sorgen gemacht haben.

Musik *ruhig, getragen*

Pantomime *Die pantomimische Gestaltung erfolgt wieder anhand des Textes. Spieler gehen durchs Zelt zur Bühne, unterwegs immer wieder kurze Unterbrechungen.*

Hand: Jesus ist die ganze Woche unterwegs gewesen. Er hat viele Menschen besucht, und er hat gepredigt. Jetzt will er mit seinen Jüngern allein sein und geht mit ihnen in eine verlassene Gegend.
Die Menschen aus den Dörfern und Städten aber folgen Jesus. Sie wollen, daß er ihre Kranken heilt und ihnen Geschichten von Gott erzählt.
Als Jesus die große Menschenmenge sieht, beginnt er zu heilen und zu predigen. Er erzählt den ganzen Tag Geschichten von Gott.
Als es Abend wird, kommen die Jünger zu Jesus und sagen zu ihm: »Es ist spät geworden, bald wird es dunkel, schick die Leute nach Hause, damit sie dort essen und trinken können. Hier in dieser verlassenen Gegend gibt es weit und breit nichts.«
Jesus aber antwortet seinen Jüngern: »Es ist nicht nötig, daß die Leute gehen. Gebt ihr ihnen zu essen.« Die Jünger schauen sich ratlos an: »Wir haben doch nichts. Ein Junge ist da, der hat zwei Brote und fünf Fische dabei. Das reicht doch nicht für so viele Menschen.«
Jesus bittet seine Jünger: »Bringt mir die Brote und die Fische!«
Jesus nimmt das Brot in seine Hände, dankt Gott und bricht es auseinander und gibt es den Jüngern. »Verteilt das Brot und die Fische an die Menschen, damit sie satt werden.«
Und stellt euch vor, die Jünger haben die Brote und die

Fische an alle Menschen verteilt. Es waren viele Leute bei Jesus, etwa viermal soviele wie in diesem großen Zelt. Und das Essen hat für alle gereicht.
Ja, alle sind satt geworden, und am Ende waren noch mehrere Körbe voll übrig. Jesus hat das Essen geteilt, und es ist dadurch mehr geworden. Es hat für alle gelangt.
Auch ihr könnt vieles teilen: eure Spielsachen mit anderen Kindern; euer Pausenbrot, wenn jemand nichts hat; auch eure Zeit könnt ihr teilen – denn ihr könnt mit anderen spielen und gemeinsam Freude haben.
So könnt ihr teilen, damit andere auch etwas haben, nicht nur euer bester Freund oder eure beste Freundin, sondern alle Kinder.
Das Miteinanderteilen wollen wir gleich probieren. Wir haben für euch etwas zu essen bereit gestellt. Brecht mit euren Händen ein Stück vom Brot und gebt es euren Nachbarn, eurer Nachbarin. Wenn ihr teilt, dann bekommen alle etwas. Laßt uns aber vorher ein Lied singen, das dazu wunderbar paßt. Es heißt: »Wenn jeder gibt, was er hat«.

Lied   »Wenn jeder gibt, was er hat«

Moderator: *betreut die Essensverteilung, das gemeinsame Essen und das anschließende Sammeln der Reste. Evtl. am Ende Dankgebet oder Danklied.*

4. Szene: Jesus segnet die Kinder

Lied   »Jesus ruft die Kinder«

Hand: Gemeinsam haben wir gegessen und dabei das Brot geteilt. Teilen heißt oftmals, daß etwas weniger wird – das Brot ist aufgegessen.
Es gibt aber auch vieles, das mehr wird, wenn man teilt: Gute Wünsche, Geschichten, Träume und noch vieles andere wird nicht weniger, sondern es wird mehr und größer. Dazu fällt mir auch eine schöne Geschichte ein, die ich euch erzählen will.

Musik und Pantomime

Pantomime ergibt sich aus dem Text, soll die gesamte Spannung gut ausdrücken Hand von der Bühne ab, Frauen mit ihren Kindern kommen durchs Zelt zur Bühne hin. Auf der Bühne sind noch Jesus und die Jünger.

Hand: Jesus ist mit seinen Jüngern zusammen. Da kommen Frauen und Kinder heran. Sie wollen zu Jesus. Die Jünger sehen und hören die Kinder schon von ferne. Sie können nicht begreifen, was die Kinder bei Jesus wollen.
»Das ist nichts für Kinder!« sagt der eine. »Hier können nur Erwachsene zuhören!« sagt der andere. »Was wollt ihr denn hier!« ruft ein dritter.
Die Jünger wollen die Frauen und Kinder nicht zu Jesus lassen. Sie schicken sie weg.
Doch die Kinder wollen unbedingt zu Jesus. Sie lassen sich nicht wegschicken.
Da steht Jesus auf und sagt zu seinen Jüngern: »Laßt die Kinder zu mir kommen und verbietet es ihnen nicht! Laßt sie alle zu mir!«
Jesus geht zu den Frauen und Kindern. Er legt seine Hände auf sie und segnet sie. Er sagt: »Ich bin immer bei euch, auch wenn ihr mich nicht seht. Ich denke immer an euch. Ich lasse euch nie allein, auch wenn ihr denkt, daß ich nicht da bin. Ich gehe immer mit euch. Ich habe euch lieb. Ihr braucht keine Angst zu haben, ich bin immer bei euch. Ich mag euch ganz besonders, egal was die anderen sagen. Ich gehe immer Hand in Hand mit euch, und wenn ihr es nicht alleine schafft, dann trage ich euch ein Stück auf meinen Händen. Ihr seid einmalig, und ich liebe euch.«

Hand auf die Bühne zurück.

So segnet Jesus die Kinder, die zu ihm kommen. Er sagt ihnen, daß er sie liebt. Jesus liebt alle Kinder, auch euch. Jeden von euch. Allen Menschen schenkt er seinen Segen. Auch den Kindern. Laßt uns gemeinsam ein Lied singen, das mir gerade einfällt: »Laßt die Kinder zu mir kommen«.

Lied

»Laßt die Kinder zu mir kommen«

Da es in der 4. Szene um den Segen geht, sollte am Gottesdienstende erklärt werden, was Segen bedeutet.

Hand: Am Ende des Gottesdienstes spricht der Pfarrer oder die Pfarrerin zur Gemeinde den Segen. Das bedeutet, daß allen, die da sind, gesagt wird: Gott ist bei euch. Damit wird den Menschen Mut gemacht, auf Gott zu vertrauen. Die meisten freuen sich darüber, und sie möchten von ihrer Freude etwas abgeben, sie mit den anderen teilen. Sie geben den anderen ihre Hand und sagen zu ihnen: »Gott segne dich!« Oder: »Gott begleite dich!« Oder: »Gott schütze dich!«

Gebt eueren Nachbarn die Hand und wünscht ihnen für diesen Tag und die folgenden Tage Gottes Segen und Begleitung.

Ich wünsche auch euch noch einen schönen Tag. Ich werde mich jetzt erst einmal verabschieden. Mir hat es bei euch gut gefallen. Ein letztes Lied wollen wir singen, eines meiner Lieblingslieder: »Wie in einer zärtlichen Hand sind wir geborgen bei Gott für alle Zeit«.

Lied »Wie in einer zärtlichen Hand«

Beim Lied geht die Hand von der Bühne ab, Moderator übernimmt.

Text und Melodie: Bernd Schlaudt, Gruppe Liturgie 1985
Rechte: Bernd Schlaudt

Sendung

Segen

Komm, komm, zieh mit uns in die Stadt des Lebens

Offenbarung 21,4 ff.

»Das erste ist vergangen,… siehe, ich mache alles neu« (vgl. Offb. 21). In alt- und neutestamentlichen Bildern eines neuen Himmels und einer neuen Erde, vor allem im Bild von der Neuen Stadt in der Offenbarung des Johannes, sah das Vorbereitungsteam den Stoff, der anschaulich, gerade für Kinder in einer Großstadt, umgesetzt werden konnte. Wie in einem Traum wird geschildert, wie das Neue ins Leben kommt, wie Menschen sich ändern und dem Neuen neuen Lebensraum geben.

Der Spielinhalt:
Christine und Christian leben in einer großen Stadt, die als Steinstadt, Staubstadt, Lärmstadt apostrophiert wird. Die Stadt versinnbildlicht eine Gesellschaft, die – unter anderem – durch Eigennutz, Rücksichtslosigkeit, Gewalttätigkeit, Unfrieden gezeichnet ist. Beide spüren diese zerstörerische, tödliche Atmosphäre.
Sie machen sich auf den Weg, um das andere, das Neue, das Lebendige zu suchen. Sie erblicken auf ihrem Weg eine Stadt auf dem Berge. Diese Stadt birgt das Leben, den Garten des Lebens mit dem Lebensbaum und den Brunnen mit der Quelle des Lebens.
Christine und Christian treten ein. Sie hören Worte des Lebens, sie trinken von der Quelle des Lebens, sie schauen das Leben. Aus dieser Schau kehren sie wieder zurück nach Hause, an ihren Lebensort, zu ihren Freunden. Sie sollen nun, von ihrer Erfahrung bestärkt, von dem neuen Leben, der Neuen Stadt erzählen.

Rollen: Sprechtexte:
– Moderator

ohne Text:
– zwei Kinder (Mädchen/Junge)
– Spielergruppe (mindestens 15 Personen)

Material: – einheitliche Kleidung für Spielergruppe (dunkle Hosen/Pullover)
– zwölf Tore, wie sie im Spiel benannt sind, z. B. Sonnentor, Wassertor, Blumentor usw. (Gestell mit bemaltem Stoff)

Eröffnung

Begrüßung

Gebet

Lied »Wagt ein neues Leben« (Kanon)

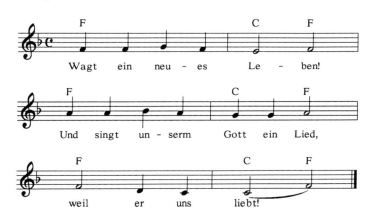

Text: Franz Kett, Melodie: aus England
Rechte: RPA-Verlag, Landshut

Die Spielergruppe hat sich vor Spielbeginn auf der Bühne verteilt. Die Spieler sitzen – einzeln, mit dem Rücken zu den Zuschauern gewandt – bewegungslos da, die Hände verschränkt, den Kopf gesenkt. Aus ihrer Gruppe lösen sich Christine und Christian. Sie gehen Hand in Hand zum Bühnenrand und werden vom Moderator vorgestellt.

Moderator: Ich stelle euch Christine und Christian vor. Sie könnten auch Petra und Peter heißen oder Thomas und Silke. Sie tragen unsere Namen. Sie stehen auf dem Podium. Sie sind wir, und wir sind sie. Sie spielen unsere Geschichte mit all den anderen, die hier noch auf der Bühne sind. Wir alle sind eingeladen, zuzuhören, zuzuschauen und an manchen Stellen auch mitzumachen.

1. Szene: Die alte Stadt

Die Musikgruppe beginnt, klang- und rhythmikmäßig die Stadt (Beschreibung dafür dem folgenden Text entnehmen) darzustellen, aus der Christine und Christian kommen. Einzelne Spieler der Spielergruppe erheben sich und nehmen eine robotermäßige Haltung ein. Christine und Christian ziehen Hand in Hand durch die »Roboterstadt«.

Moderator: Christine und Christian wohnen in einer großen Stadt. Aus Stein sind die Häuser, die Straßen und die Plätze dieser Stadt.
Wenig Platz ist für Gras und Blumen, für Sträucher und Bäume. Voll Lärm ist die Stadt, angefüllt mit Getöse, mit Sausen und Brausen, bei Tag und Nacht.
Voll Staub ist die Stadt: Abgase – Rauch – Staub – Dunst. Oft sind der Himmel und die Sonne über der Stadt vom Qualm verdunkelt. Es ist eine Steinstadt, eine Lärmstadt, eine Staubstadt.

Moderator, dann die Spielergruppe und dann nochmals mit ihr alle Besucher sprechen die Worte nach. Im Wechsel wird sprechchormäßig rezitiert (Moderator – Spielergruppe – alle):

Steinstadt – Steinstadt
Lärmstadt – Lärmstadt
Staubstadt – Staubstadt.

Moderator: So wie die Stadt, sind auch die Menschen in ihr: versteinert die Gesichter – verbittert – enttäuscht. Versteinert manches Herz – hart – kalt – gefühllos – unbarmherzig. Da wohnt man im selben Haus und grüßt sich nicht. Da geht man zur selben Schule und spielt nicht miteinander.
Da arbeitet man am selben Arbeitsplatz und hilft einander nicht. Einer ist dem anderen gleichgültig. Manche leben miteinander in Haß und Feindschaft. Der Lärm hat viele taub gemacht für das Leise – Zarte – für die Stille – für das Wort, die Bitte, die sagt: Ich brauche dich! Hast du Zeit für mich? Kannst du mir helfen?
Der Dunst der Stadt hat viele blind gemacht. Sie sehen die Sonne nicht mehr, das Gute und Wahre.
In der Steinstadt, Lärmstadt, Staubstadt.

Moderator, Spielergruppe und dann alle rezitieren wie vorhin im Wechsel.

2. Szene: Auf der Suche nach der neuen Stadt

Die Stadt mit den zwölf Toren

Moderator: Christine und Christian spüren: Das ist kein Leben. Hast und Hetze, Neid und Streit, Lüge und Feindschaft zerstören. Sie aber wollen doch leben. Ihr Herz sagt ihnen: Macht euch auf den Weg! Sucht das Leben! Es wird euch geschenkt. Eine neue Stadt wird allen geschenkt, die das Alte zurücklassen und das Neue suchen. Geht und sucht!

Lied   »Laßt uns gehen«

2. Laßt uns gehn und suchen eine Stadt,
eine Stadt, die einen Garten hat.

3. Laßt uns gehn und suchen eine Stadt,
eine Stadt, die einen Brunnen hat.

Text: Franz Kett, Melodie: E. Unkel
Rechte: RPA-Verlag, Landshut

Christine und Christian gehen suchend. Die Spielergruppe formiert sich zu einem Kreis, setzt sich aber zunächst auf den Boden.

Moderator: Christine und Christian gehen und suchen. Wir gehen mit und schauen mit. Tore und Mauern bauen sich vor uns auf. Lebendige Menschen sind die Tore, die Mauern. Ist das die »Neue Stadt«?

Die Stadt liegt oben: auf einer Anhöhe, auf einem Berg. Zwölf Tore hat die Stadt. Ihre Namen sind: Sonnentor, Feuertor, Sternentor, Blumentor, Wassertor, Erdtor, Völkertor, Regenbogentor, Edelsteintor, Vogeltor, Fischetor, Kindertor. Namen, die Kostbares – Gutes – Leben bedeuten. Die Tore sind offen.

Treten wir mit Christine und Christian ein in die Neue Stadt.

Die Spielergruppe stellt kreisförmig die Stadt und ihre zwölf Tore dar. Die Stadt wird während der Erzählung und unter Musikuntermalung erbaut, ein Tor nach dem anderen. Christine und Christian treten in die Stadt ein.

Lied   »Tretet ein in unsre Neue Stadt«

Alle Kinder werden jetzt aufgefordert, aufzustehen und mit ihren Gesten und ihrem Körper die Neue Stadt zu sein, d.h. mitzuvollziehen, was die Spielergruppe darstellt.

Text: Franz Kett, Melodie: E. Unkel
Rechte: RPA-Verlag, Landshut

Moderator: Die Neue Stadt hat viele Häuser. Sie sind aus lebendigen Steinen erbaut.

Mauer bilden, indem man sich unterhakt.

Wir sind jetzt die Steine, nicht kalt und versteinert, sondern lebendig – unser Herz schlägt. Wir stehen fest wie eine Mauer. Wir halten ab, was von außen kommt: Kälte, Hitze, Lärm, Getöse, Rauch und Qualm. Wir wehren alles Ungute, Feindliche ab. Streit, Haß, Neid, Feindschaft, Lüge lassen wir nicht hinein.

Jedes Haus braucht ein Dach. Wir sind jetzt das Dach.

Wir halten ab: Regen, Schnee, die heiße Sonne. Wir hüten – behüten. Wir bergen – schützen. Wer bei uns wohnt, ist in rechter Hut, in Sicherheit – geborgen – daheim.

Jedes Haus hat Fenster und Türen. Wir sind jetzt Fenster, Türe, Tor.

Unser Tor ist geöffnet. Wir lassen hinein – hinaus. Wir nehmen auf – lassen wieder gehen. Wir halten nicht fest. Wir sind weit offen.

Hören wir, was in der Bibel von Gottes Reich, von der Neuen Stadt geschrieben steht: »So spricht der Herr: Freue dich und juble laut. Siehe, ich komme und wohne in deiner Mitte.« (Zach. 2,14–17)

Lied »Freuet euch und jubelt laut«

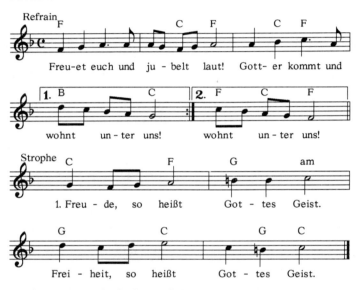

mit Tanz

Freu-et euch und ju-belt laut! Gott- er kommt und wohnt un-ter uns! wohnt un-ter uns!

1. Freu-de, so heißt Got-tes Geist.
Frei-heit, so heißt Got-tes Geist.

2. Liebe, so heißt Gottes Geist.
   Güte, so heißt Gottes Geist.

3. Friede, so heißt Gottes Geist.
   Leben, so heißt Gottes Geist.

4. wie 1.

Text: Franz Kett; Melodie: Klaus Gräske
Rechte: RPA-Verlag, Landshut

1. Den Kreis bilden und in Tanzrichtung gehen, dazu singen: Refrain

2. Den Kreis bilden und gegen die Tanzrichtung gehen, dazu singen: Refrain

3. Kreis lösen und Hände langsam nach oben füren, dazu: Freude, so heißt Gottes Geist

4. Sich um die eigene Achse drehen, dazu: Freiheit, so heißt Gottes Geist

3. Szene: Neues Leben in der Stadt

Der Garten und Baum des Lebens

Die Spielergruppe hat sich geteilt. Eine Kleingruppe hat sich in der Mitte zusammengefunden. Sie wird pantomimisch zum Baum aufwachsen. Andere Spieler haben sich gleichfalls, aber vereinzelt auf dem Boden niedergelassen, um dann als Pflanzen, Blumen etc. »aufzublühen«.

Moderator: Christine und Christian spüren: In der Neuen Stadt kann man leben. Dort wohnen Freiheit – Liebe – Geschwisterlichkeit. Dort wohnt ein ganz neuer Geist. Sie sagen: »Da wollen wir zu Hause sein.« Aber wurde ihnen nicht noch ein anderes Zeichen versprochen, der Garten, der blüht?

Christine und Christian horchen. Wir horchen mit.

Musikgruppe spielt das Wachsen und Werden.

Wir können es hören:
Keimen – Sprießen
Knospen – Aufbrechen
Sich-Öffnen – Ans-Licht-Drängen
Blühen – Erblühen

Christine und Christian schauen. Wir schauen mit.

Einzelne Spieler spielen Wachsen und Werden. Auch der Baum in der Mitte entfaltet sich.

Was sehen wir?
Wachsen – Werden
Blühen – Gedeihen
Überall wächst es. Klein fängt es an – das Leben.
In der Mitte des Gartens aber entdecken Christine und Christian einen Baum.

Christine und Christian schauen, gehen um den Baum herum, berühren ihn.

Groß ist er und mächtig. Weit ragen seine Äste. In seinen Zweigen wohnen Vögel. Christine und Christian betrachten den Baum. Sie rühren ihn an – leise und zart, voll Scheu und Ehrfurcht. Sie spüren: Vom Baum geht Kraft aus. Wer ihn berührt, wird gesund. Wer ihn anfaßt, wird geheilt. Was ist das für ein Baum?

Lied »Was ist das für ein Baum«

Moderator: Der Prophet Ezechiel gibt Antwort auf unsere Frage.

So spricht der Herr: »Ich selbst breche ein Stück vom hohen Wipfel der Zeder und pflanze es ein. Einen zarten Zweig aus den obersten Ästen breche ich ab und pflanze ihn auf einen hochragenden Berg. Auf die Höhe von Israels Bergland pflanze ich ihn. Dort treibt er Zweige. Er trägt Früchte und wird zum mächtigen Baum. Allerlei Vögel wohnen darin. Alles, was Flügel hat, nistet im Schatten seiner Zweige.« (Ez. 17,22–24)

Lied   »Gott läßt wachsen«

Den Refrain in Art eines orientalischen Volkstanzes, etwa einer Havanagilla, tanzen.

2. Gott läßt grünen, blühen einen Baum.
   Der Baum soll Zeichen sein, daß wir vertrau'n ...

3. Gott läßt Früchte bringen einen Baum.
   Der Baum soll Zeichen sein, daß wir vertrau'n ...

Text: Franz Kett; Melodie: Klaus Gräske
Rechte: RPA-Verlag, Landshut

Moderator: Christine und Christian spüren: Hier ist es gut. Hier ist das Leben. Hier wollen wir bleiben. Hier wollen wir Wurzeln fassen.

Die Kinder werden aufgefordert, die Knie anzuziehen, sie mit den Händen zu umfassen, den Kopf aufzulegen und davon zu träumen, wie wir mit Christine und Christian Wurzeln fassen und uns entfalten. Der Entfaltungs-, Wachstumsprozeß soll mitvollzogen werden. Der Prozeß wird musikalisch untermalt.

Moderator: Wir sitzen auf der Erde. Wir spüren den Boden. Er trägt uns. Wir sind ganz bei uns selbst, träumen: Unsere Füße sind Wurzeln. Sie wachsen in den Boden hinein – nach unten. Sie wachsen in die Tiefe. Manchmal stoßen sie auf ein Hindernis – einen Stein. Sie wachsen weiter – unaufhörlich weiter – in die Tiefe – auf den Grund, dorthin, wo es fließt und strömt: Wasser – Grundwasser.
Unsere Wurzeln saugen das Wasser. Sie brauchen es zum Leben. Sie trinken das Wasser. Es steigt von unten nach oben, von den feinen, zarten Wurzeln in immer größere – stärkere. Wir träumen, wie das Wasser steigt, wie Leben fließt in unseren Füßen, Beinen, wie es hochsteigt in unseren Körper – zu unserer Körpermitte, dorthin, wo das Herz schlägt, wo wir atmen; wie es hineinströmt in Arme – Hände – Finger bis zu den Fingerspitzen und wie es wieder hinausmöchte ans Licht, an die Luft, in die Weite.
Wir wachsen mit. Wir stehen langsam auf. Wir heben die Arme – strecken uns. Wir sind wie ein Baum, eingewurzelt im Garten des Lebens, aufgerichtet zum Leib, nach oben gerichtet – zum Himmel, mit Gesicht – Händen – Herzen.
So laßt uns beten zu dem, der alles Leben schenkt, der uns Jesus geschenkt hat – Jesus, der den Tod für immer besiegt hat. Laßt uns beten, wie Jesus es uns gelehrt hat.

Lied   »Vater unser«

mit Bewegungen

Vater unser im Himmel	beide Arme langsam gestreckt mit geöffneten Händen nach oben führen Blick mit gehobenem Kopf nach oben gerichtet	und vergib uns unsere Schuld,	Arme über der Brust gekreuzt Oberkörper nach vorn geneigt
geheiligt werde dein Name!	Oberkörper verneigt sich mit ausgestreckten Armen	wie auch wir vergeben unseren Schuldigern!	mit ausgestreckten Armen und Händen die Schultern oder Hände des rechten und linken Nachbarn fassen
Dein Reich komme!	Arme in Schulterhöhe waagrecht ausgesteckt Hände nach oben geöffnet Blick mit erhobenem Kopf nach oben gerichtet	Und führe uns nicht im Versuchung,	Hände vor das Gesicht legen
		sondern erlöse uns vor dem Bösen!	Arme und Oberkörper dehnen und räkeln
Dein Wille geschehe!	Arme in Schulterhöhe weiter waagrecht ausgestreckt Hände nach oben geöffnet Kopf geneigt mit gesenktem Blick	Denn dein ist das Reich und die Kraft und die Herrlichkeit,	Arme gestreckt mit nach oben geöffneten Händen langsam nach oben führen mit erhobenem Kopf Blick nach oben richten
Wie im Himmel so auf Erden!	Der rechte Arm zeigt nach oben der linke Arm zeigt nach unten		
Unser tägliches Brot gib uns heute	Arme gebeugt vor dem Körper Hande zur Schale geformt	in Ewigkeit, Amen.	mit gestreckten Armen über dem Kopf in die Hände klatschen

4. Szene: Neues Leben in der Stadt

Der Brunnen des Lebens

Die Spielergruppe stellt einen Brunnen dar. Eine größere Zahl von Spielern bildet den Brunnenrand, eine kleinere die sprudelnde Quelle in seiner Mitte.

Moderator: Noch ein Zeichen für Leben besitzt die Neue Stadt. Christine und Christian suchen es.

Untermalende Musik: Darstellung der sprudelnden Quelle. Christine und Christian gehen zum Brunnen, schauen, schöpfen und trinken.

Moderator: In der Mitte der Neuen Stadt ist ein Brunnen. Tief ist er. Er birgt eine Quelle. Klar und frisch ist das Wasser. Es sprudelt und quillt. Zu ihm kommen Menschen. Sie trinken daraus. Sie füllen das Wasser in Krüge und tragen es in ihre Häuser. Wasser bedeutet Leben. Ohne Wasser gibt es kein Leben.

Christine und Christian finden den Brunnen. Sie schöpfen. Sie trinken. Sie spüren: Dies ist eine reine Quelle. Da gibt es Wasser zum Leben.

Im Johannesevangelium spricht Jesus: »Ich bin die Quelle des Lebens. Wer von dem Wasser trinkt, das ich ihm geben werde, wird niemals mehr Durst haben; vielmehr wird das Wasser, das ich ihm gebe, in ihm zur sprudelnden Quelle werden, deren Wasser ewiges Leben schenkt.« (Joh. 4,14)

Jesus lädt uns ein, aus diesem Brunnen, der er selber ist, zu trinken und lebendig zu werden und dann dieses Leben dorthin mitzubringen, wohin wir jetzt gehen, in die U-Bahn, S-Bahn, nach Hause, in die Familie, in die Nachbarschaft, zu den Freunden, in die Schule.

So kann es überall dort, wo es unbarmherzig, gefühllos, kalt oder laut zugeht, anders werden. So kann die Neue Stadt, die Stadt des Lebens, in unseren Städten und Dörfern entstehen, können Liebe, Barmherzigkeit, Mitgefühl, Freundlichkeit, Offenheit oder Hilfsbereitschaft wachsen und das Miteinanderleben schön machen.

Lied »Halte zu mir, guter Gott«

Sendung

Segen

Entnommen aus: Rel.päd. Praxis Nr. 3/1985, S. 22 ff. Franz Kett u. a. RPA-Verlag, Landshut

Liederverzeichnis

Als Jesus kam nach Jericho
in: Krenzer, Liederbuch S. 128

Aus der Tiefe rufe ich zu dir
in: Mein Liederbuch Nr. B 117

Danke schön sagen wir
in: Krenzer, Liederbuch S. 232

Das große Festessen
in: Watkinson S. 58

Das wünsch ich sehr
in: MenschKL Nr. 5

Der Himmel geht über allen auf
in: Janssens S. 13

Der Zachäus ist ein Zöllner
in: Krenzer, Liederbuch S. 120

Die gute fette Weide
in: Janssens S. 165

Die Tauben bringen den Frieden mit
in: Krenzer, Liederbuch S. 58

Du bist da, wo Menschen leben
in: Dalferth Nr. 26

Du bist für uns
in: Edelkötter S. 14

Eine freudige Nachricht breitet sich aus
in: MenschKL Nr. 117

Eine Handvoll Erde
in: Jöcker S. 10

Erzähl mir was von Abraham
in: Watkinson S. 16

Es lädt ein Mann zum Festmahl ein
in: Krenzer, Spiellieder S. 23

Es kommt die Zeit
in: Janssens S. 214

Eßt miteinander
in: Janssens S. 89

Fröhlich gehe ich
in: Mohr S. 95

Geh, Abraham, geh
in: Balders Nr. 63

Gott, du bist ja bei mir
in: Janssens S. 14

Gott gibt ein Fest
in: Dalferth Nr. 43

Gott zieht vor uns her
in: Janssens S. 38

Gottes Liebe ist wie die Sonne
in: Lardon S. 80

Gottes Liebe ist so wunderbar
in: Balders Nr. 196

Gut, daß Gott noch da ist
in: Krenzer, msL S. 166

Guter Gott, wir danken dir
in: Jöcker S. 13

Halte zu mir, guter Gott
in: Krenzer, Liederbuch S. 13

Hast du etwas Zeit für mich
in: Krenzer, msL S. 104

Heut ist ein Tag
in: Jöcker S. 2

Ich gebe dir die Hände
in: MenschKL Nr. 81

Ich lade dich ganz herzlich ein
in: MenschKL Nr. 140

Ich möcht', daß einer mit mir geht
in: MenschKL Nr. 82

Ich trau auf dich, o Herr
in: Cochlovius 1992 Nr. 336

Ich sitze oder stehe
in: Cochlovius 1992 Nr. 185

Ich weiß eine Stadt
in: Krenzer, Liederbuch S. 224

Ich will behutsam sein
in: Kindergottesdienstband Nr. 28

Jesus ruft die Kinder
in: Krenzer, Liederbuch S. 117

Karawanensong
in: Krenzer, msL S. 120

Kinder können viele Sachen
in: MenschKL Nr. 145

Komm, bau ein Haus
in: Janssens S. 156

Komm, geh mit mir in das Land
in: Lardon S. 89

Komm, sag es allen weiter
in: Cochlovius 1992 Nr. 88

Kommt alle her, hali halo
in: MenschKL Nr. 146

Laßt die Kinder zu mir kommen
in: Ritzkowsky S. 38

Laßt euch anstiften zur Freude
in: Krenzer, Liederbuch S. 172

Laßt uns eine Brücke bauen
in: Krenzer, msL S. 168

Laßt uns feiern, laßt uns lachen
in: Krenzer, Liederbuch S. 222

Menschenbrückenlied
in: Krenzer, Liederbuch S. 208

Schenk uns Zeit
in: Krenzer, Liederbuch S. 34

Sing das Lied vom großen Frieden
in: Edelkötter S. 144

Singt und tanzt
in: Cochlovius 1992 Nr. 309

Stimm deine Laute, David
in: Janssens S. 212

Streit, Streit, Streit
in: Krenzer, Liederbuch S. 204

Unser Leben sei ein Fest
in: Janssens S. 71

Unsere Worte und unsere Gebete
in: Janssens S. 72

Vater, ich will dich preisen
in: Balders Nr. 43

Weil Gottes Welt so schön ist
in: Krenzer, Liederbuch S. 30

Weil ich dir vertrauen kann
in: Janssens, Obed S. 31

Wenn einer sagt
(Kindermutmachlied)
in: MenschKL Nr. 100

Wenn jeder gibt, was er hat
in: Janssens S. 220

Wenn wir Kinder uns lieben
in: MenschKL Nr. 103

Wir fangen an fröhlich zu sein
in: Krenzer, Liederbuch S. 229

Wir fassen uns ein Herz
in: Janssens S. 64

Wir feiern heut ein Fest
in: Edelkötter S. 118

Wir feiern heut ein Fest
in: Krenzer, Spiellieder S. 10

Wir wünschen Herr, daß jedes Kind
in: MenschKL Nr. 108

Wo Menschen sich lieben und hoffen
in: Dalferth Nr. 104

Wohin soll ich gehn
in: Cochlovius 1982 Nr. 104

Titel

Balders, G./u.a. (Hg.): Unser Kinderliederbuch. Wuppertal 1987

Cochlovius, J.(Hg.): Sein Ruhm, unsere Freude. (Notenausgabe) (Cochlovius 1982) Krelingen 1992

Cochlovius, J.(Hg.): Sein Ruhm, unsere Freude (Notenausgabe) (Cochlovius 1992) Krelingen, 1992

Dalferth, W./u.a. (Hg.): Mal Gottes Regenbogen in das Grau-in-Grau der Welt. Ein Liederbuch für Kinderkirchen und vieles mehr... Stuttgart 1990

Dietermann, J. (Hg.): Menschenskinderlieder. (MenschKL). Frankfurt 1987.

Edelkötter, L./Krombusch,G.: Weil du mich so magst. Religiöse Kinderlieder. Drensteinfurt 1989

Janssens, P.: Meine Lieder. Augsburg 1992

Jöcker, D.: Heut ist ein Tag, an dem ich singen kann. Münster 1987.

Krenzer, R./Walter, P. G.: Jesus lädt die Kinder ein. Spiellieder zum Neuen Testament (Krenzer, Spiellieder). Konstanz 1992

Krenzer, R.: Das große Liederbuch (Krenzer, Liederbuch). Limburg 1989

Krenzer, R.: Ich freu' mich, daß du da bist. Meine schönsten Lieder 1 (Krenzer, msL). Freiburg 1989

Landesverband für evang. Kindergottesdienstarbeit: Obed – Aus Fremden werden Freunde. Textheft mit Liedern von Krenzer, R. und Janssens, P. (Janssens, Obed). Nürnberg/Telgte 1993

Liederheft zum Materialheft 59 »So spielt die Kindergottesdienstband« (Kindergottesdienstband), hg. von der Beratungsstelle für Gestaltung von Gottesdiensten und anderen Gemeindeveranstaltungen. Frankfurt 1990

Lardon, Th. (Hg.): Die schönsten christlichen Kinderlieder. Wuppertal/Zürich 1990

Mein Liederbuch – für heute und morgen (Notenausgabe 8100 N). tvd-Verlag. Düsseldorf o. J.

Mohr, G./u.a.(Hg.): Sagt Gott, wie wunderbar er ist. Alte und neue Psalmen zum Sprechen und Singen. Stuttgart 1990

Ritzkowsky, J.: Die Notenschnecke. Eine Sammlung von Liedern für unsere Gemeinde, hg. von der Beratungsstelle für Gestaltung von Gottesdiensten und anderen Gemeindeveranstaltungen. Frankfurt 1984

Watkinson, G.: 9x11 neue Kinderlieder zur Bibel. Lahr/Schwarzwald 1973

Verzeichnis von weiteren Modellen und Anbietern

Kinderkirchentage im Rahmen des Deutschen Evangelischen Kinderkirchentages

Kinderkirchentag Nürnberg 1979: Gott geht mit – worauf du dich verlassen kannst

Kinderkirchentag Hamburg 1981: David und Goliath

Kinderkirchentag Hannover 1983: Komm mit Jona nach Ninive

Kinderkirchentag Düsseldorf 1985: Kurs: Gottes Erde

Kinderkirchentag Frankfurt 1987: Menschenkinderkirchentage

Kinderkirchentag Berlin 1989: Ein Tag mit Jesus

Kinderkirchentag Ruhrgebiet 1991:
Unter dem Baum des Lebens

Kinderkirchentag München 1993:
Obed – Aus Fremden werden Freunde

Anfragen zu den Modellen und Materialien sind direkt an die jeweiligen Landesverbände, landeskirchlichen Arbeitsstellen oder Ämter für Gemeindedienst zu richten.

Weitere Anbieter:
(soweit zum Stand der Drucklegung bekannt)

»Brot für alle – Brot des Lebens« (KKT)
»Befreit und geführt – mit Gott durch die Wüste« (KKT)
Förderverein Kindergottesdienst e.V.
Marie-Alexandra-Str. 22
76135 Karlsruhe
Telefon 0721/9344104
Telefax 0721/9344160

Mit Jona in Ninive (KBT)
Arbeitsstelle für Kindergottesdienst in der Evangelischen Kirche von Kurhessen-Waldeck
Kandelgasse 4
35083 Wetter
Telefon 06423/3299

Wir reisen nach Kafar Nàum (KBT)
Ein Tag mit Jesus (KKT)
Der Tanz ums Goldene Kalb geht weiter (KKT)
Evangelisches Bildungswerk Berlin
– Haus der Kirche –
Goethestr. 26–30
10625 Berlin
Telefon 030/3191-0

Zeit aus Gottes Hand (KKT)
Laßt uns Gottes Farben seh'n (KKT)
Amt für Gemeindedienst
in der Landeskirche Hannover
Archivstr. 3
30169 Hannover
Telefon 0511/1241406

Und wieder sind wir da zum KiBiTa!
– Eine Sammlung von Kinderbibeltagen –
Rheinischer Verband für Kindergottesdienst
Graf-Recke-Str. 209
40237 Düsseldorf
Telefon 0211/4562514

Jeder Teil dieser Erde
Weitere KKT- Modelle auf Anfrage.
Pfarrer Andreas Riemann
Große Wallweberstraße 1
17033 Neubrandenburg

Man sieht nur mit dem Herzen gut – Auf dem Weg zum Leben (KBT)
Miteinander teilen – zur Josefsgeschichte (KKT)
»Ich möcht', daß einer mit mir geht« – ein Elia-Fest (KKT)
Umhängeliederheft »Hand in Hand mit Gott« (DM 3, solange der Vorrat reicht).
Habert, A.: Aus Fremden werden Freunde. Eine Arbeitshilfe für Schule und Gemeinde zum alttestamentlichen Buch Ruth. Im Auftrag des Landesverbandes. Nürnberg 1993.

Weitere KKT-Modelle auf Anfrage.
Landesverband für Evangelische Kindergottesdienstarbeit in Bayern
im Amt für Gemeindedienst – Kinderkirche –
Sperberstr. 70
90461 Nürnberg
Telefon 0911/4316-130/135
Telefax 0911/4316-101

Kett, F./Gräske, K.: Gott befreit durch Jesus Christus. Kindergottesdienste TI. 1 und TI. 2.: Beide München 1987: (bibl. Kindergottesdienste mit vielen Liedern und ausführlichen Katechetischen Spielelementen)

Uhl, Th.-B./Schimek, R.: Ihc rufe dich bei deinem Namen. Die Bibel – für Kinder kreativ erschlossen. München 1989 (Modelle für 5 Bibelwochen)